O CÉREBRO ENVELHECE E O PARACÉREBRO ENRIQUECE

Selma Prata

O CÉREBRO ENVELHECE E O PARACÉREBRO ENRIQUECE

Reflexões de uma Intermissivista Veterana

Foz do Iguaçu, PR
2019

Capa: Ernani Brito.

Revisão: Eliana Manfroi, Ila Rezende, Liege Trentim,
Lilian Zolet, Liliane Sakakima, Meracilde Daroit,
e Milena Mascarenhas..

Diagramação: Epígrafe Editorial.

Dados Internacionais de Catalogação na Publicação (CIP)

P912c   Prata, Selma

O cérebro envelhece e o paracérebro enriquece : reflexões de
uma intermissivista veterana. / Selma Prata ; [Prefácio de Ana
Luiza Rezende] -- Foz do Iguaçu : Editares, 2019.

214 p.

Inclui bibliografia.
ISBN ISBN: 978-85-8477-130-1

1. Conscienciologia. 2. Longevidade. 3. Paracérebro. I. Título.

CDU 133

Tatiana Lopes CRB 9/1524

Associação Internacional Editares

Av. Felipe Wandscheer, 6.200, sala 107, Cognópolis
Foz do Iguaçu, PR – Brasil – CEP: 85856-530
Tel/Fax: +55 45 2102 1407
E-mail: editares@editares.org
Website: www.editares.org.br

AGRADECIMENTOS

Expresso aqui meus agradecimentos às consciências que me auxiliaram na elaboração do presente livro.

Por eu ser hoje esta consciência lúcida, minha gratidão milenar primeiramente ao amigo de vários anos, Waldo VIEIRA – Zéfiro, preceptor importante e raro, assertivo, paciente, que atuou com megafraternidade e exemplarismo na proposição do Paradigma Consciencial – Conscienciologia.

À professora Ana Luiza Rezende, pela amizade, incentivo, pontuações e elaboração do prefácio.

Às professoras de português Cecília Teixeira e Mônica Prata revisoras constantes.

Aos professores João Paulo Costa, Sandra Tornieri e Dayane Rossa agradeço por terem colaborado com as orientações necessárias.

Aos meus filhos: Dorinha, Silvana, Sérgio e Stael, pelo estímulo nesta trajetória conscienciológica e por apoiarem esta "viragem de mesa".

Aos voluntários da EDITARES, pela revisão da obra.

Ao capista, Ernani Brito pelo excelente trabalho.

E, finalmente, aos amparadores extrafísicos, pelo sustentável arrimo, *insights* e entusiasmo gesconológico proporcionado.

SUMÁRIO

SEÇÃO IV

SEÇÃO V

PREFÁCIO

Consciencialidade Vivaz

Consciencialidade. Pesquisadora diligente, a veteraníssima conscencióloga e professora itinerante Selma Prata honra-nos com a disponibilização didática dos achados pesquisísticos singulares, hauridos ao longo de uma existência humana riquíssima em consciencialidade – atributo intraconsciencial característico da pessoa que prioriza a(s) consciência(s) em quaisquer contextos e/ou dimensões de manifestação.

Envelhecimento. Com temperamento notadamente alegre, criativo, curioso e otimista, a professora Selma enfrenta, com notáveis galhardia e brio, questão inserida dentre as mais *espinhosas*, enfrentadas ou a serem enfrentadas a breve tempo por todas as consciências intrafísicas (conscins) nesta dimensão *respiratória*: o envelhecimento somático e as consequentes mudanças holossomáticas advindas a partir desta condição natural da vida humana.

Antiociosidade. Ao escrutinar as alterações multiveiculares consequentes ao processo fisiológico, imposto, de *envelhecimento cerebral* e os respectivos contrapontos homeostáticos advindos do *enriquecimento paracerebral*, este sim, opcional e voluntário, colhido a partir de série de priorizações cotidianas ao longo da vida, a investigadora persistente apresenta tese, fundamentada em fatos e parafatos, de amplo combate à ociosidade multiveicular na terceira e quarta idades da vida intrafísica; nas palavras da autora – "aposentadoria não é ociosidade, é reciclagem contínua de vida".

Desdramatização. Vivemos o *zeitgeist* dos queixumes, da vitimização, do comodismo e da omissão deficitária quanto à priorização racional da autoevolução. A presente obra conscienciológica representa verdadeiro bálsamo lucilante para a desdramatização consistente do ato de envelhecer, ampliando consideravelmente as possibilidades de reciclagens intraconscienciais (recins) da conscin interessada, para experimentar a vida em condição de elevada autoestima e em paz consigo mesma, independente da faixa etária atual, a partir do autoposicionamento assertivo quanto ao envelhecimento.

Autorreeducação. Ao abordar abertamente, com delicadeza e coragem, temas críticos pertinentes à terceira e quarta idades, como a autossustentabilidade financeira, a afetividade e a sexualidade, a convivência com portadores de doenças degenerativas, as perdas diversas e inevitáveis, a autora exalta a relevância do autodesenvolvimento parapsíquico e das reciclagens íntimas, como sustentáculos para a autorreeducação lúcida, enfatizando o desenvolvimento de hábitos originais pró-evolutivos.

Projetabilidade. Projetora lúcida experiente, a autora ressalta a importância dos experimentos projetivos – alguns destes narrados na obra – para o aprofundamento das autopercepções e da autocrítica, possibilitando a reflexão sobre a caducidade de traços temperamentais pessoais a serem reciclados.

Paracerebrologia. A autora descreve características inerentes ao paracérebro do psicossoma – princípio organizador da paragenética da consciência – e as interrelações objetivas e utilíssimas, desta estrutura quintessenciada com o avanço mentalsomático e o desembaraço intelectual, conquistados diaria e gradativamente, notadamente através das atividades de leitura e escrita.

Escrita. Investigadora disciplinada e verbetógrafa experiente da *Enciclopédia da Conscienciologia*, a professora Selma Prata evidencia, em toda a obra, o papel insubstituível dos apontamentos cotidianos e da escrita regular no planejamento e na consecução das mudanças de rota na autoproéxis parapsíquica.

Técnicas. Ao final da obra são arroladas técnicas conscienciológicas desafiadoras para o enriquecimento paracerebral, fundamentadas na assunção, vivência e aprofundamento dos princípios conscienciológicos da vida multidimensional e parapsíquica no dia a dia do(a) intermissivista atilado(a). As descrições didáticas de tais técnicas, sempre com questionamentos pertinentes realizados pela autora, e as respectivas enumerações assertivas apresentadas, constituem mimos mentaissomáticos preciosos para o(a) investigador(a) comprometido(a) com a autoevolução.

Agradecimento. Para esta prefaciadora, admiradora da querida professora Selma há mais de duas décadas, constituem motivos de intensa gratidão a oportunidade de leitura desta obra, de escrita deste breve prefácio e de aprendizagem contínua com a colega mentalssomática exemplarista e sempre acolhedora, a partir da vivência do trinômio bom-humor–alegria–sorriso.

Ana Luiza Rezende
Foz do Iguaçu, 04 de fevereiro de 2019.

INTRODUÇÃO

Desafio. A motivação para a escrita deste livro originou-se do interesse em apresentar as alterações do cérebro ao longo da vida humana. É um desafio perceber a verdadeira natureza e potencial da massa craniana que envelhece, além da visão real do paracérebro que vai enriquecer. Por isso a priorização do uso paracerebral com foco no desenvolvimento pró-evolutivo, é fundamental para que a conscin (consciência intrafísica) tenha o melhor aproveitamento possível, ao buscar o continuísmo por meio do acesso às informações e habilidades já conquistadas em vidas anteriores.

Reflexão. Ao longo da vida, esta autora pensou, refletiu e concluiu: *o tempo de vida intrafísica passa muito rápido...*

Trajetória. Ao conhecer a Conscienciologia através dos cursos de Projeciologia e Conscienciologia propostos pelo Instituto Internacional de Projeciologia e Conscienciologia – IIPC, em 3 de março de 1997, em Uberaba, entrei em contato com essa Ciência e iniciei minha trajetória de investigar, pesquisar e refletir sobre as pesquisas de Waldo Vieira, propositor das ciências Projeciologia e Conscienciologia.

Voluntariado. O voluntariado foi a primeira consequência dessa reflexão. Em seguida a docência, motivada pela compreensão de que a assistência é parte constituinte da programação de vida.

Docência. Após ministrar vários cursos, ficou notória a necessidade de ampliação do quadro docente local, momento em que comecei a contribuir para esse fomento.

Escrita. Nos vários anos de docência em *Instituições Conscienciocêntricas,* identifiquei a importância da escrita para a consecução da programação existencial e do completismo.

Convivência. Mesmo antes do voluntariado, a autora já convivia com o professor Waldo Vieira, uma "amizade raríssima". Ele era amigo há vários anos também do marido, desde a época em que foram colegas na faculdade de Medicina em Uberaba e se formaram em 1960.

VIEIRA. Ele a incentivou a escrever um livro sobre seus questionamentos: o fato de o envelhecer do cérebro e a possibilidade de enriquecer o paracérebro. Assim, surgiu o título "O Cérebro Envelhece e o Paracérebro Enriquece".

Gratidão. A autora dedica profunda gratidão a esse amigo, professor, encarregado de ensinar e instruir nesta perspectiva evolutiva multidimensional.

Verbete. Em 2012, a autora apresentou seu primeiro verbete na Enciclopédia da Conscienciologia: "Rejuvenescimento Consciencial", no qual aborda os temas do cérebro e do paracérebro. Desde essa ocasião, iniciou uma pesquisa exaustiva sobre o assunto, o que resultou no presente livro.

Temática. Outros verbetes foram apresentados, fornecendo informações de como expandir o entendimento da temática pesquisada.

Demência. Com o passar dos anos, o esposo da autora apresentou perda de capacidade cognitiva e de memória, sendo o convívio com uma pessoa com o diagnóstico de Alzheimer um fator relevante que motivou o desenvolvimento dessa temática.

Objetivo. O objetivo desta produção gesconológica é pesquisar o cérebro-paracérebro da consciência no decorrer da vida intrafísica. O cérebro da conscin intermissivista, potencializado da infância à adultidade, estimula o paracérebro a tornar-se amadurecido, experiente e atuante. O conteúdo deste livro tem o potencial para enriquecer conscins de qualquer gênero ou idade.

Especialidade. A especialidade predominante neste livro é a Paracerebrologia, porém há outras especialidades que se conectam entre si, favorecendo o contínuo aprofundamento da pesquisa.

Organização

Teática. Este livro foi estruturado a partir da teática da autora, descrito com linguagem acessível para facilitar a compreensão. Em alguns momentos, os leitores podem encontrar dificuldades de entendimento quanto aos neologismos da Conscienciologia.

Glossário. Para ajudar no entendimento dos neologismos, os leitores podem consultar o glossário no final do livro.

Tema. Este trabalho, resultado de autopesquisa sobre os temas da Conscienciologia e correlatos, objetiva apresentar o interesse pelo estudo dessa temática, com base no paradigma consciencial.

Utilidade. Alternativas para o aproveitamento evolutivo nesta fase de maturidade, ou seja, na terceira e quarta idade, tornam esse período mais vantajoso e útil para a conscin que deseja manter-se ativa no processo evolutivo.

Reeducação. Para tanto, a reeducação da pessoa idosa para superar dependências, lidar com perdas e/ou manter a lucidez pode ser pautada pela autoeducação multidimensional, que se obtém a partir de teáticas proporcionadas pela Conscienciologia e Projeciologia.

Atributos. Admite-se que os atributos conscienciais estão ligados à Seriexologia. O cérebro envelhece, dessoma; o paracérebro enriquece a cada renascimento e acrescenta ao cérebro novo a bagagem multimilenar.

Desconstrução-reconstrução. Existe assim o encadeamento técnico e contínuo entre uma vida e outra que capacita a conscin autolúcida a aproveitar cotidianamente as oportunidades e acervos evolutivos ao desconstruir ideias ultrapassadas e imaturidades, reconstruindo com discernimento o ideário pessoal a caminho da desperticidade.

Renovação. Sob o enfoque do paradigma consciencial, a consciência é o único agente transformador, renovador de si mesmo, mediante esforços e uso da vontade. O movimento renovador inicia-se no íntimo do microuniverso consciencial.

Parapsiquismo. Projeções conscientes, parapsiquismo sadio, aprendizagens e atividades estimuladoras, que desafiem os atributos cerebrais e paracerebrais, podem resultar em experimentos que favoreçam as reciclagens de vida.

Reconciliações. O aproveitamento das teorias, a experiência parapsíquica, recursos e metodologias anticonflitivas são capazes de harmonizar as interrelações e promover reconciliações assistenciais em novas bases evolutivas, fundamentais no processo evolutivo.

Contribuição. Este livro pretende contribuir para todas as conscins interessadas em vivenciar uma velhice produtiva e saudável, cuidando desde a juventude para que isso ocorra.

Pesquisadores. Cabe aos leitores-pesquisadores desse tema o exercício cosmoético, segundo o aproveitamento do *Princípio da Descrença*:

NÃO ACREDITE EM NADA, NEM MESMO NAS IDEIAS APRESENTADAS AQUI, *PESQUISE, REFLITA, REFUTE E TENHA SUAS PRÓPRIAS EXPERIÊNCIAS.*

SEÇÃO I

CONSCIENCIOLOGIA

1. Conceitos Conscienciológicos Básicos

Conscienciologia. A Conscienciologia é uma neociência proposta pelo médico e pesquisador independente Waldo Vieira, com o objetivo de estudar a consciência.

Consciência. O termo *consciência* pode ser entendido como ego, ser, personalidade, princípio inteligente. A Conscienciologia aborda a Seriexologia (múltiplas vidas humanas) através da autopesquisa, bem como a existência simultânea de outros veículos de manifestação, além do corpo físico, e a interação em várias dimensões, onde as consciências podem atuar com lucidez ou não.

Paradigma. A Conscienciologia propõe o paradigma consciencial, que apresenta uma nova abordagem, fundamentada nas variáveis: holossomática, multidimensionalidade, multiexistencialidade, bioenergética, na teoria do pensene, da cosmoética e outras. Assim, o pesquisador na condição de cientista é, ao mesmo tempo, o objeto de estudo e pesquisa de sua condição existencial.

Holossomática. A Holossomática é a especialidade da Conscienciologia responsável pelo estudo das funções e aplicações do conjunto dos veículos da consciência, o holossoma (MARTINS, 2016, p. 147).

Objeto. O objeto de estudo da holossomática é o holossoma.

Holossoma. O termo holossoma significa o conjunto dos veículos de manifestação da consciência pelos quais ela se manifesta em múltiplas dimensões.

Matéria. A consciência em si não é matéria nem energia. Para que ela possa se manifestar em dimensões densas, como a intrafísica, ela se utiliza de veículos mais densos. Cada veículo se manifesta com atributos apropriados àquela dimensão específica.

Veículos. Eis os veículos de manifestação da consciência:

1. **Soma:** corpo físico e suas potencialidades; o objeto físico mais estudado pelo homem, principalmente o cérebro ou os dois hemisférios cerebrais; a realidade mais relevante para todos; se expressa na dimensão intrafísica.

2. **Energossoma:** o corpo das energias e suas potencialidades, opera na dimensão energética.

3. **Psicossoma:** o veículo das emoções; consente à consciência se manifestar fora do corpo físico durante as projeções conscientes e após a dessoma (morte biológica).

4. **Mentalsoma:** o veículo das ideias, o paracorpo do discernimento; tem relação com a maturidade integral e suas potencialidades; está localizado no paracérebro, sede da consciência; é importante na relação cérebro-paracérebro; atua na dimensão mental. Os vários atributos mentaissomáticos estão descritos na Seção III.

Correlação. Todos os veículos se relacionam entre si.

Multidimensionalidade. Condição inerente à consciência, seja conscin ou consciex, vivendo sempre, inevitavelmente, atuando, ao mesmo tempo, de modo consciente ou inconsciente, em "n" dimensões existenciais (TELES, 2014, p. 100).

Dimensões. Eis, abaixo, três variáveis multidimensionais:

1. **Dimensão Energética:** intermediária entre a dimensão física e a dimensão extrafísica propriamente dita.

2. **Dimensão Extrafísica:** dimensão em que vivem seres extrafísicos, com suas características e habitantes próprios.

3. **Dimensão Mentalsomática:** dimensão mais evoluída, própria de consciências mais avançadas.

Estados. É difícil separar uma dimensão da outra, visto que elas estão interligadas e, antes de tudo, qualquer lugar ou dimensão é um estado de consciência. Sob o ponto de vista multidimensional, a consciência pode se apresentar em três estados básicos, a saber:

1. **Intrafísico:** quando se manifesta por intermédio de seu soma, a partir do renascimento e ao longo de uma vida humana transitória.

2. **Extrafísico:** quando da desativação do corpo físico (soma); momento em que a consciência entra na fase da intermissão; essa é sua real dimensão, sua paraprocedência.

3. **Projetado:** estado fugaz, próprio da consciência que se projeta, tanto a que possui o corpo físico (soma), e sai com o veículo extrafísico (psicossoma), quanto a consciência que já passou pela morte do corpo biológico e também se projeta pelo corpo mental (mentalsoma). O *estado projetado* é o principal objeto de estudo da Projeciologia.

Projeciologia. É a especialidade da Conscienciologia que estuda as projeções energéticas da consciência para fora do corpo humano, ou seja, das ações da consciência quando opera fora do corpo físico (SACCONI, 2010, p. 1676).

Multiexistencialidade. É a condição continuada da consciência quanto às múltiplas existências, entrosadas entre si, através do tempo, onde há a continuidade da vida após a morte biológica.

Seriexologia. Conforme a abordagem multiexistencial, a consciência evolui por meio de várias experiências, numa série de vidas sucessivas, em diferentes corpos, espécies e dimensões. Essa sucessão de idas e vindas é conhecida como serialidade existencial (seriéxis) ou ciclo multiexistencial.

Bioenergética. A premissa da Bioenergética estuda as diversas formas das energias da existência biológica, incluindo plantas, animais e demais seres vivos.

Bioenergias. As bioenergias são as energias da vida. São de extrema importância para a nossa saúde física e psicológica. Entender, perceber, mobilizar as energias leva o indivíduo a uma melhor qualidade de vida.

Chave. As bioenergias representam também a chave para o desenvolvimento dos processos parapsíquicos, em particular a projeção consciente (PC).

Manifestações. É impossível compreender as manifestações da consciência e suas parapercepções sem entender as bioenergias.

Oceano. O tempo todo, as consciências intercambiam energias entre si. Conclui-se assim que "vivemos imersos em um grande oceano de energias e nós perturbamos ou harmonizamos este oceano" (ALEGRETTI, 1998, p. 60).

Classificação. Para fins didáticos, a bioenergia se classifica em energia imanente (EI) e energia consciencial (EC):

1. **EI.** É a energia básica, primária, natural, impessoal. A energia imanente pode se apresentar ao modo de aeroenergia (energia da atmosfera e seus fenômenos), hidroenergia (energia da água em suas várias formas), geoenergia (energia da terra), fitoenergia (energia dos vegetais), cosmoenergia (energia cósmica) e zooenergias (energia dos animais).

2. **EC.** É a energia que a consciência emprega em suas manifestações; corresponde aos pensamentos, ideias, sentimentos, afetos e emoções, que adicionados à energia imanente a torna consciencial.

Absorção. As consciências são capazes de absorver tanto as energias imanentes quanto as conscienciais, porém mobilizam e exteriorizam somente energias pessoais, individualizadas ou conscienciais.

Autonomia. Autossuficiência energética é a condição da consciência intrafísica com domínio energético em qualquer momento, lugar ou dimensão em que se encontra, adquirindo autossegurança ao longo do tempo.

Autoconhecimento. O autodomínio das bioenergias é fundamental para o autoconhecimento, para a autodefesa energética, evitando descompensações das energias.

EV. Esse domínio energético pode ser alcançado por meio da prática do estado vibracional (EV). O EV é a condição técnica da dinamização máxima das energias do energossoma (ou holochacra), através da impulsão da vontade e metodologia específica, a fim de manter a paraprofilaxia pessoal na vivência da consciência.

Pensenes. É a unidade de manifestação prática da consciência, segundo a Conscienciologia, que considera o pensamento ou ideia (concepção), o sentimento ou emoção e a energia consciencial em conjunto, de modo indissociável (ROUANET, 2013, p. 51).

Emocionalidade. Em suma, em momento algum os processos emocionais e mentais, que sempre geram energia, são interrompidos. Por isso VIEIRA propôs o conceito de pensene (*pen + sen + ene*), em que o "pen" representa as manifestações mentais, o "sen" indica as manifestações emocionais e o "ene" equivale às energias (VIEIRA, 1997), sendo que pensamentos, sentimentos e energias interagem de maneira contínua e inseparável.

Holopensene. Uma pessoa pode criar seu próprio holopensene (conjunto de pensamentos, sentimentos e energias). Um grupo de pessoas cria, durante longo período de tempo, holopensenes mais fortes e duradouros, tais como em hospitais, presídios, supermercados e outros ambientes coletivos específicos.

Base. Sem pensene não há consciência. O pensene surge antes da vontade e traz em si, também, a intenção.

Marca. Tanto os pensenes quanto os parapensenes são responsáveis pelo acontecimento de fenômenos como a telepatia, a psicometria, a retrocognição e muitos outros, e também pela sua fixação no cérebro e, consequentemente, no paracérebro.

Cosmoética. É a especialidade da Conscienciologia aplicada ao estudo da ética ou reflexão sobre a moral cósmica, multidimensional, definindo a holomaturidade consciencial, situada além da moral social, intrafísica, ou que se apresenta sob qualquer rótulo humano, ao modo de discernimento máximo, moral e emocional, a partir da intimidade do microuniverso de cada consciência.

Síntese. A síntese da Cosmoética é, ao mesmo tempo, a defesa dos direitos e o combate aos privilégios das consciências.

CPC. Associado a essa abordagem existe também o conceito do código pessoal de Cosmoética (CPC), o qual envolve o conjunto de normas autoimpostas de retidão do mais alto grau moral, criado e seguido pela consciência mais lúcida em qualquer dimensão.

Ausência. A Cosmoética é multidimensional. Quando a consciência tem uma visão tão somente intrafísica e desconhece os aspectos que estão além desta realidade, demonstra ausência de universalismo.

Universalismo. Universalismo é o conjunto de princípios, em sentido cosmoético, derivado das leis básicas do Universo, da conscin com capacidade de tratar homens, mulheres e povos igualitariamente, contrários ao individualismo subordinado a alguma comunidade, seja Estado, povo, nação, humanidade planetária ou trincheira egóica tomada por *umbigo do Cosmos* (VIEIRA, 2003).

Pesquisa. Este livro foi desenvolvido com a ótica da cosmoética e senso universalista, propondo uma reflexão autocrítica sobre a importância das experiências vivenciadas e a busca constante pela renovação de vida, com foco no alcance da holomaturidade consciencial.

Reciclagem. Importa, aqui, que a consciência proceda ao estudo e à autopesquisa multidimensional, com o objetivo de desconstruir aspectos ultrapassados, recuperar novas ideias por meio de neossinapses e aprendizagens que colaborem com a mudança íntima pessoal.

Proéxis. O caminho para a consecução da programação existencial (proéxis) é dinâmico e exige esforço da consciência, contribuindo assim para o enriquecimento do paracérebro e o alcance do objetivo intermissivista interassistencial, o completismo existencial.

Aprendizagens. Cabe ressaltar que as aprendizagens e para-aprendizagens, o acervo da *Conscienciologia* e os conhecimentos adquiridos pela autoinvestigação tendem a ser isentos de misticismo e dogmas.

SEÇÃO II

O CÉREBRO

1. Cérebro

Objeto. O cérebro é o mais importante objeto intrafísico para se estudar. É a sede das faculdades mentais, onde se situa a capacidade do ser humano de aprender e reaprender. É, também, mediador da consciência ao tomar decisões. A função cerebral é mais do que ocupar o espaço de uma cabeça.

Controle. É, o cérebro, a peça principal do sistema nervoso central, pois: é o centro de controle das atividades voluntárias e involuntárias do corpo físico; é responsável pelas nossas ações, memória e linguagem, e também pelas funções psíquicas e comportamentais.

Neurônios. O encéfalo contém mais de 100 bilhões de neurônios, cujo número diminui lentamente com a idade, embora novas conexões possam ser formadas de acordo com as condições e necessidades biológicas da conscin e os estímulos que ela receba. Hoje, é quase um chavão dizer que o cérebro humano é a forma de matéria mais organizada no universo e há realmente alguma verdade nisso (AZEVEDO *et al.*, 2009).

Sinapses. Cada neurônio tem milhares de ramificações chamadas dendritos, que recebem informações de outros neurônios. Os neurônios fazem contato com outros neurônios, em pontos chamados sinapses. Cada neurônio faz algo entre mil e 10 mil sinapses com outros neurônios.

Comportamentos. Há indícios de que desde a Antiguidade existe o interesse do ser humano em encontrar explicações sobre o comportamento do indivíduo e a relação do cérebro com esse comportamento.

Neurociência. A Neurociência tem-se desenvolvido ao longo dos séculos e, na atualidade, o avanço da Medicina e da tecnologia possibilitam investigações mais complexas da atividade cerebral e do comportamento humano.

Hemisférios. Existem diferenças funcionais entre o hemisfério esquerdo, responsável pela atividade linguística e o hemisfério direito, considerado como o hemisfério espacial não-verbal, responsável pela leitura, memória espacial, estilo imaginativo e criativo. Entretanto são as relações entre essas funções que influem nos comportamentos, desde os mais simples até as situações de maior complexidade (LOURENÇO, 2014).

Inconclusivas. Contudo as pesquisas referentes ao cérebro são inconclusivas; ainda há muito para se descobrir. Além disso, a ciência convencional é insuficiente para explicar a manifestação da consciência na íntegra, desconsiderando o que está além do físico.

Supercomputador. Já se sabe que o cérebro, este "supercomputador" é capaz de comunicar-se com todo o holossoma. Se estiver fora de equilíbrio, a conscin não consegue alcançar seu potencial pleno.

Uso. Os seres humanos utilizam o cérebro durante 100% do tempo, inclusive enquanto dormem. Entretanto a conscin utiliza pequeno percentual da capacidade cerebral no dia a dia.

Dificuldade. O cérebro é um órgão cuja forma de funcionamento é difícil de desvendar, pois é a parte do corpo que menos se deixa revelar ou mostrar. Todavia quanto mais se usa o cérebro, mais vai sendo definido.

Agente. Quanto mais conhecimento sobre a estrutura e a fisiologia do soma, especialmente do cérebro, mais ferramentas tem a conscin para transformar-se em agente das mudanças que almeja para sua vida.

Reflexão. É preciso refletir sobre o que se pode mudar, por que mudar e como mudar para aperfeiçoar a nossa realidade intrafísica e extrafísica.

Desenvolvimento. A título de exemplo, sabe-se que existem áreas no encéfalo que são responsáveis por determinados traços e que, ao receberem sangue em boa quantidade, desenvolvem tais traços (COHEN, 1995).

Artérias. Ao envelhecer, as artérias tornam-se mais rígidas e perdem a capacidade de conduzir o sangue. Daí a importância de certos hábitos, exercícios e atividades preventivas para manter a boa circulação do sangue no corpo em qualquer idade.

Inventividade. Pela mesma razão já exposta, quando a parte do cérebro que comanda a criatividade recebe quantidade de sangue maior, a conscin torna-se mais criativa (COHEN, 1995).

Criatividade. Percebe-se, assim, que o desenvolvimento de habilidades como a criatividade, a comunicação interpessoal profícua e a inteligência emocional estão ao alcance de todas as consciências em evolução, desde que dêem atenção à sua saúde física.

Idade. Com o avanço da idade biológica do soma, acontece a perda de neurônios, a acumulação de gordura no corpo, a perda de massa muscular e a tendência ao estresse crônico.

Saúde. Neurônios saudáveis facilitam a memória, favorecem a diminuição do estresse e da ansiedade e protegem a conscin de eventos como isquemias e derrames.

Sedentarismo. Para manter os neurônios saudáveis é necessário sair do sedentarismo e da zona de conforto. Os seres humanos não foram feitos para ficarem sentados no sofá e o sedentarismo pode ser responsável pelo envelhecimento precoce.

Ações. Todas as ações realizadas diariamente pelas conscins necessitam da atividade cerebral, com o discernimento sempre a direcionar seus desempenhos e atuações. Apreciar uma obra de arte, memorizar uma notícia, planejar e tomar decisões são algumas de muitas funções de nosso cérebro (comandado pelo mentalsoma) no cotidiano.

Desafio. Desafiar sempre e continuamente o cérebro é tão importante quanto exercitar os músculos, pois da mesma forma que os músculos atrofiam quando a conscin não pratica atividades físicas, o encéfalo também se torna limitado quando não é estimulado.

Estímulos. Os estímulos recebidos forçam a massa encefálica a criar novos caminhos neurais, o que altera padrões de percepção e informações sobre o mundo à sua volta.

Decadência. A meia-idade não é sinônimo de decadência. Com o tempo, as redes neurais constroem padrões de ligação que podem ser acionados com subsídios que proporcionam melhor discernimento e compreensão, bem mais do que quando mais jovem.

Conexões. As conexões não usadas são paulatinamente eliminadas, assim, aprender-reaprender muda a massa encefálica. Até na velhice os seres humanos são capazes de modificar a estrutura cerebral, mesmo quando próximos do momento dessomático. Por isso, estudar o cérebro, entender a capacidade desse artefato intrafísico e o seu envelhecer a cada momento é um nobre desafio à conscin com repercussões positivas no paracérebro.

Modificação. O cérebro não é algo pronto e acabado quando se atinge a maturidade. Assim como todas as estruturas biológicas, ele se modifica muito ao longo do tempo de vida de um indivíduo, acompanhando as fases do desenvolvimento humano.

Condição. Existe uma sequência de etapas do desenvolvimento somático. Considera-se conscin monocerebral, aquela que dessoma até os 23 anos de idade física, conscin bicerebral, quem dessoma até 63 anos de idade física e conscin tricerebral, quem dessoma na terceira idade ou na quarta idade (vida humana integral).

Tricerebral. Segundo a definologia, a *conscin tricerebral* é a condição humana, resultante da vivência das três fases do desenvolvimento humano (Cerebrologia) e do enriquecimento das neuroglias (VIEIRA, 2010, p. 53).

Sucessão. Com o passar dos anos, ocorre a sucessão de potencialidades, as conquistas científicas geriátricas, as aquisições psicossociais e evolutivas. Embora o envelhecimento e a morte sejam fenômenos sequenciais da existência do sistema nervoso, pode se observar na terceira/quarta idade o aumento do desenvolvimento cognitivo dentro do universo da *Parafisiologia* (VIEIRA, 2010, p. 53).

Condições. Eis, a título de exemplo, 6 condições positivas que podem estar presentes na terceira idade:

1. **Assistência:** vivência máxima da interassistencialidade.
2. **Cons:** recuperação pessoal máxima de cons.
3. **Cosmovisão:** saída da monovisão para uma cosmovisão.
4. **Gescon:** aposentadoria propiciando a dedicação à gescon.
5. **Maturidade:** plenitude da maturidade mental.
6. **Priorização:** foco prioritário na maxiproéxis.

Degeneração. O envelhecimento representa etapas degenerativas que resultam na morte do sistema nervoso do indivíduo. O cérebro envelhece por uma crescente dificuldade de sintetizar substâncias essenciais à função neural e passa a apresentar sintomas cada vez mais acentuados de deficiências sensórias, motoras e psicológicas (LENT, 2001, p. 25).

Envelhecimento. De acordo com Cohen (1995), o envelhecimento do cérebro, muitas vezes, não afeta todas as regiões do mesmo modo. Certos fatores ou substâncias podem ser ativados ou produzidos no cérebro e induzir mudanças celulares cerebrais ligadas à idade, por isso a diminuição de algumas habilidades mentais é típica na terceira e quarta idade, como, por exemplo, o déficit de memória e a maior dificuldade de aprendizado.

Pesquisadores. Por outro lado, pesquisadores perceberam que, após os 50 anos de idade, as diminuições intelectuais ocorridas derivam mais da influência de doenças do que da idade em si. Por exemplo: a ligação da doença cardiovascular com a deficiência intelectual foi descrita em estudos em que foram encontrados problemas de memória relacionados à doença cardíaca (BARRETT & WATKINS, 1986).

Neossinapses. Por tudo isso, é importante que a conscin busque criar novos neurônios por meio de neossinapses, com o intuito de desenvolver um cérebro dicionarizado e manter o hábito de exercer atividades de estímulo à cognição, à medida que envelhece.

Por que alguns cérebros envelhecem saudáveis e outros não?

Envelhecer. Ainda não existem respostas suficientes para explicar o que causa o envelhecimento cerebral na terceira e quarta idade. Seguem algumas explicações.

Desgaste. Estudiosos descobriram que, com o avanço da idade, acontece um desgaste natural das células nervosas, mas os danos causados não são tão grandes, embora tornem o funcionamento cerebral mais lento se comparado com o cérebro de pessoas mais jovens.

Cérebro. Entretanto o cérebro, embora envelheça com o passar do tempo, é capaz de adaptar-se e manter um bom funcionamento racional.

Neurociência. As investigações da neurociência demonstram que o cérebro pode se regenerar mediante o uso de suas potencialidades. Atividades de estímulo ao desenvolvimento de habilidades cognitivas podem modificar o cérebro para melhor.

Esquecimento. Com o avanço da idade, o cérebro sofre perdas em suas capacidades, como esquecimento, distrações e muito mais. Por outro lado, o vocabulário aumenta, a lógica e o discernimento são superiores aos da juventude.

Idosos. Os cérebros das pessoas mais velhas podem não se degenerar se elas cultivarem desde cedo o hábito das aprendizagens estimuladoras e contínuas, o que pode torná-las mais "sábias" quando chegarem à velhice.

Habilidades. Ao conquistar maior agilidade cerebral, as pessoas idosas podem se surpreender, ao descobrir que é possível envelhecer de maneira saudável.

Manter a mente aberta para novas aprendizagens e informações é importante para melhorar a forma como se vive e se encara a vida?

Neoideias. Sem dúvida a resposta a esta pergunta é "sim". A consciência com mente aberta a neoideias e novas aprendizagens normalmente apresenta mais otimismo e bom-humor na forma de viver e encarar a vida. O abertismo mostra novas maneiras de enxergar as mesmas situações, o que amplia a aceitação dos contrafluxos presentes no cotidiano.

Multidimensionalidade. Além disso, se a preocupação for com o futuro, com o que podemos "vir a ser", a multidimensionalidade representa a abertura de portas para uma vida que vale a pena ser vivida.

Reinventar. Mesmo com o envelhecimento do corpo físico, os idosos com parapercepções reinventam a própria vida multidimensional, aprendem que não existe idade para ser "livre" e fazer o que entendem ser o mais saudável em sua vivência diária.

O caminho evolutivo conduz ao desenvolvimento do cérebro/ paracérebro, através de uma metodologia, organização e disciplina.

Emocional. A busca de uma estabilização psicossomática sem exagero pode e deve acontecer, pois o equilíbrio emocional contribui para a agudeza e o bom senso, trazidos pela maturidade que está em processo de edificação.

Organização. Desenvolver ou manter a disciplina e a organização, à medida que se envelhece, permite que o cérebro se reorganize e passe a agir e pensar de maneira diferente. Com essa reestruturação, a conscin torna-se mais inteligente e feliz, o que colabora com a paz íntima.

Potencialidades. As investigações da neurociência demonstram que o cérebro pode se regenerar mediante o uso de suas potencialidades.

Informações. A capacidade de manter informações enraizadas em nossa mente não sofre danos com o passar da idade; o declínio acontece em outras habilidades, dependendo de cada caso.

Diferenciação. Cada consciência tem seu corpo emocional diferenciado do de outras pessoas, por isso suas percepções e parapercepções podem produzir alterações cerebrais e paracerebrais positivas, o que depende apenas de sua própria vontade e determinação para a mudança.

Hábitos. Ao modificar hábitos emocionais, trocar os nocivos por outros mais saudáveis e desenvolver a intelectualidade ativa, novos neurônios são construídos associados à memória e, consequentemente, à holomemória.

Harmonia. É preciso aprender a relacionar-se melhor com as pessoas, com foco na eliminação das adversidades e na superação das crises, o que provavelmente ajudará a conscin a (re)encontrar alegria e harmonia de viver.

2. MEMÓRIA

Preservação. Memória é a faculdade ou capacidade mental de retenção, registro, preservação, armazenamento e posterior evocação, acesso ou recuperação de experiências, fatos e eventos passados, bem como de ideias, impressões, sensações, emoções e conhecimentos adquiridos anteriormente (ALEGRETTI, 1998, p. 35).

Capacidade. A memória mantém o cérebro capacitado em ótimo funcionamento, em funções como as citadas. A *atenção* com foco na *concentração* é uma extensão natural da internalização dos conhecimentos.

Paracerebral. O cérebro treinado e bem desenvolvido é reprodutor de informações e muitas delas, já estavam armazenadas no paracérebro, ou seja, grande parte da memória é paracerebral (holomemória).

Sinergismo. Por tudo isso, é importante buscar o sinergismo memória cerebral-holomemória.

Memória. A memória cerebral é responsável pela forma como processamos as informações e armazenamos os conhecimentos adquiridos, bem como pelos nossos comportamentos.

Registros. A conscin com deficiência de memória deve fazer registros manuais e utilizar tecnologia para consolidar a recordação externa. Mesmo se a conscin confia na própria memória, as anotações colaboram com a capacidade de reter o conhecimento.

Autopesquisa. Fazer autopesquisa é uma prática difícil e a memória é essencial para possibilitar tal exercício. Sem memória, é muito difícil manter um raciocínio correto e linear, imprescindíveis para a elaboração de uma investigação pesquisística.

Pensenes. Os pensenes, a vontade e a intenção positivos são utilizados para a prática da autopesquisa e permitem a obtenção de informações multidimensionais, sendo preciso treinar a memória para que tais informações sejam devidamente recuperadas e rememoradas.

Aperfeiçoamento. As técnicas para aperfeiçoar a memória envolvem a imposição de significado à informação que se deseja lembrar. Assim, a contextualização das experiências multidimensionais, ajudam na fixação cerebral das mesmas.

Essencial. Ter boa memória é lembrar-se do essencial, no momento certo e quando necessário.

Paracérebro. A memória influi na lucidez consciencial, portanto influi no cérebro e paracérebro e pode-se evitar a repetição de tolices desnecessárias. Por outro lado, considerando-se que há memórias seletivas, a interpretação dos fatos pode se dar de modo distante da realidade.

Citação. "O homem é o resultado do impacto cognitivo causado pelas ações que praticou e pelas que deixou de realizar, tanto quanto é consequência das lembranças arquivadas na memória que foram relegadas ao esquecimento" (VARELLA, 2015, p. 35).

Desatenção. Boa parte dos idosos apresentam problemas de memória, desatenção e lentidão de pensamento, pois a perda cognitiva com o envelhecimento é inevitável.

Bibliografia. Existe, entretanto, uma vasta bibliografia de exercícios neuróbicos para prevenir a perda da memória e aumentar a agilidade cerebral. Esses exercícios oferecem novos dados ao cérebro e procuram aguçar os cinco sentidos.

Estudos. Atualmente, o envelhecimento saudável é tema de estudos que mostram o que é possível fazer para melhorar e preservar as habilidades cognitivas com o passar do tempo.

Práticas. Auto e heteroassistência, exercícios físicos moderados, alimentar-se bem, praticar sexo sadio, sorrir e buscar seu bem-estar, manter o cérebro e o paracérebro ocupados são ótimas maneiras de preservar e estimular o desempenho cognitivo e paracognitivo.

Neurônios. Como já foi dito, praticar exercícios físicos é um modo natural de ajudar o hipocampo, colaborar com a melhora da memória e do aprendizado e ainda fazer o cérebro produzir substâncias que mantêm os neurônios saudáveis e mais resistentes (HERCULANO-HOUZEL, 2007, p. 97-139).

Máquina. O corpo humano é qual máquina construída para o movimento, por isso, caminhar é experimentar a liberdade, a leveza do ser – e ainda favorece a memória.

Ansiedade. O estresse, o excesso de ansiedade e a depressão são alguns sabotadores da recordação.

Hipocampo. Esses problemas dificultam a circulação sanguínea, o que piora com a idade, já que os vasos estão mais estreitos, o que pode gerar má irrigação do hipocampo, estrutura que tem papel fundamental na memória.

Lúcida. Sob uma perspectiva ainda mais abrangente, a pessoa idosa que queira se manter lúcida e atuante, com relativa autonomia em relação à própria evolução, pode procurar uma reeducação pautada pela vivência multidimensional, que se obtém por meio de projeções lúcidas e do parapsiquismo, de modo que os resultados dessas vivências sejam vistos como experiências que favoreçam sua evolução.

Holomemória. Nesse sentido, é fundamental o estímulo não só da memória (vinculada ao cérebro), mas também da holomemória (vinculada ao paracérebro), que é o conjunto de memórias armazenadas de maneira integral, multicultural, multidimensional, multiexistencial, multimilenar e holossomática.

Apontamento. A holomemória pessoal registra tudo sobre a consciência, sem exclusão de nenhum fato ou parafato. Se ainda não acessamos tal realidade é devido ao restringimento consciencial, travões evolutivos, às hipomnésias geradas por estafa intelectual, autodesorganização, distúrbios afetivos, alienação ou envelhecimento precoce.

Autorretrocognição. Um dos fatores para manter a atenção à memória do passado e atual é a vivência de projeção retrocognitiva e autorretrocognições sadias da intermissão pré-ressomática.

Vivência. A memória da experiência vivida é a mais importante, pois evita erros e reconstrói acertos.

Síntese. Em suma, quanto mais a consciência cultivar conhecimentos, melhor para a recuperação dos *cons* magnos (unidades de lucidez).

Consciexes. A falta de memória pode afetar a consciex e, provavelmente, vai mantê-la sem lucidez durante o período extrafísico de manifestação.

Local. Por isso, buscar um ambiente acolhedor e instigante ao aprendizado, manter o foco e a vontade determinada para as novidades cognitivas acrescentam ao cérebro físico, cansado e quase adormecido, novos desempenhos e desafios.

Paracérebro. Enquanto isso, ao paracérebro milenar é acrescentada uma bagagem riquíssima de atributos conscienciais mentaissomáticos que não se perdem, mas *acompanham as consciências por todo o processo evolutivo.*

3. Envelhecimento

Definição. O envelhecimento biológico é o efeito natural de desgaste e senescência celular, provocando alterações nas características morfofuncionais do corpo físico, vivenciado pela conscin, homem ou mulher, durante o avanço da idade física, (ROSSA, 2014).

Período. A *terceira idade* é o espaço de tempo, definido socialmente, compreendido pela faixa intervalar da pessoa a partir dos 65 anos até 80 anos de idade física (VIEIRA, 2003).

Completismo. A idade é a conquista íntima contra o tempo, pois oferece mais chances ou possibilidades de completismo existencial (compléxis). O compléxis é a condição confortável da completude na execução satisfatória da programação existencial que fora planejada antecipadamente durante o período intermissivo (VIEIRA, 1997).

Irrevogável. O tempo é irrevogável e inevitável. Há uma sensação de que o tempo atropela e deixa não somente as limitações do corpo físico debilitado, mas também a possibilidade angustiante da solidão. Embora não aconteça com todas as pessoas, entretanto, é possível sair dessa condição ao buscar aprendizagens contínuas, reciclagens íntimas e desafios pró-evolutivos diversos.

Medo. O maior medo do envelhecer é a probabilidade concreta da dessoma a qualquer momento. É nessa fase que muitas futilidades e outros trafares costumam ser eliminados e pode haver, também, uma reconstrução de características do mundo interno e externo.

Relacionados. Existem diversos medos relacionados ao envelhecimento, a exemplo de:

1. **Medo da morte.**
2. **Medo do desgaste somático.**
3. **Medo de adoecer.**
4. **Medo de ficar dependente.**

Sugestões. Envelhecer é reunir sabedoria e lucidez, estudos e experiências que não cabem nesta caixinha de espaço limitado chamado *memória*. É mudar o foco, ter interesse em tudo, desafiar o corpo biológico, alcançar um avanço cognitivo rico de conhecimentos compartilhados. Sabe-se que a Medicina cura doenças, a saúde é problema de nossa consciência ou de nossa vontade, determinação e organização. A riqueza da pessoa não está no bolso, mas na cabeça – paracérebro.

Idade. A *quarta idade* é o espaço de tempo definido socioculturalmente da pessoa vivendo a partir dos 80 anos em diante (VIEIRA, 2003).

Compreensão. É preciso muita compreensão para que a conscin na quarta idade intrafísica possa viver muito tempo com vantagens e desvantagens. Como tudo na vida, a idade avançada traz consigo as experiências acumuladas.

Humor. O bom humor é um traço importante a ser trabalhado desde a juventude. A conscin que acorda sempre de mau humor tem grande probabilidade de acordar sozinha quando chegar aos 60 anos.

"Envelhecimento: troféu do vencedor" (VIEIRA, 2014).

Envelhecer. O modo do envelhecer é uma opção da consciência intrafísica. Como foi evidenciada nesta autopesquisa, a senilidade é um processo que pode acontecer com o envelhecimento do soma, mas não necessariamente atinge a consciência (mentalsoma).

Tranquilização. Torna-se necessário desdramatizar a velhice e valorizar, com dinamismo lúcido, este privilégio de chegar à quarta idade.

Busquemos a maturidade do jovem e a jovialidade do idoso
(VIEIRA, 2010).

Ampliação. Ampliar a longevidade é aumentar as oportunidades evolutivas nesta dimensão e, assim, contribuir com o cérebro e engrandecer o paracérebro.

Fragilidades. São múltiplas as variáveis sobre o envelhecimento e a maior busca é pela extensão da vida. Com o passar do tempo surgirão respostas e seremos capazes de reduzir a fragilidade causada pelo avanço da idade, então experimentaremos a expansão do tempo de vida, com o aumento da qualidade de atuação do cérebro e do paracérebro.

Desconforto. Passar por desconforto é inevitável para a consciência geronte. Tristeza, ansiedade e frustração podem gerar angústia que pode ter outras causas evidentes, daí a necessidade de mudar a raiz dessas causas por meio de autopesquisa e da busca pela capacidade de sofrer menos, de seguir sempre em frente com atenção plena em si, auferir a homeostase holossomática e, assim, diminuir ou eliminar o desconforto.

Dispersões. Impedir dispersões nesta faixa etária, expandir a atenção-concentração, desenvolver interesse intenso pela vida, com exultação ao útil, influem no bem-estar.

Razão. O(a) idoso(a) *lúcido*(a) pode ter, em comparação aos jovens, a parte final da existência mais proveitosa, devido à sua provável maturidade e preferência pela verdade dos fatos. É a idade da razão ou da verdade relativa de ponta (verpon).

Profissional. Em muitos casos, porém, nenhuma ideia ou autossugestão substitui o tratamento profissional às tristezas ou depressões.

"Sábio é quem, na terceira idade, ainda faz algo construtivo, renovador, além da aposentadoria e das excursões turísticas"
(VIEIRA, 2003).

4. Envelhecimento e Senilidade

Expectativa. Segundo Cohen (1995) a longevidade do ser humano não aumentou, o que mudou foi a expectativa de vida, porque longevidade significa o tempo máximo de vida que o ser humano pode alcançar: 102 anos. O que acontece atualmente é que um número maior de pessoas vive mais do que antes, aproximando-se cada vez mais do tempo máximo de vida possível à espécie humana. Essa expectativa de vida varia segundo a época e o lugar em que se vive.

Ancianidade. A longevidade produtiva é fato constante na socin. O lema da Sociedade Americana de Gerontologia, por exemplo, é "Acrescentar vida aos anos, não apenas anos à vida", ou seja, valorizar a prevenção e desenvolver pesquisas no intuito de promover o adiamento de doenças relacionadas com a idade (ROSSA, 2014, 245).

Prevenção. A profilaxia deve começar na juventude e contribui para retardar o processo de envelhecimento na terceira e quarta idade.

Gerontologia. Tanto a Gerontologia (o estudo científico do envelhecimento) quanto a Geriatria (a ciência clínica que trata da saúde e doença nos idosos) têm progredido para atender ao número crescente de pessoas idosas.

Interdisciplinaridade. A Gerontologia é um campo interdisciplinar que investiga os fenômenos fisiológicos, psicológicos e sociais relacionados com o envelhecer do ser humano.

Natural. O envelhecer é um processo natural da vida, mas também um dos maiores temores, pois essa transição pode trazer a perda da autonomia pessoal e o aparecimento de doenças, o que pode, ainda, afetar a memória-holomemória.

População. O aumento da expectativa de vida e o consequente envelhecimento da população mundial têm preocupado cada vez mais os cientistas e formuladores de políticas públicas. O crescimento e o desenvolvimento da Gerontologia nos últimos anos são reflexos dessas transformações.

Brasil. O Brasil é um país que envelhece a passos largos. Em 2011 a população idosa era de 20,5 milhões, e equivalente a 10,8% da população total. Projeções indicam que em 2020 a população idosa brasileira será de 30,9 milhões, representando 14% da população total (KÜCHEMANN, 2012, p. 165).

Demanda. O acelerado envelhecimento populacional que ocorre na atualidade, tem exigido uma atenção maior, um novo olhar sobre as pessoas idosas, uma vez que elas se tornam visíveis no contexto social. Isso demanda novas políticas e programas voltados ao atendimento de suas necessidades nas mais diversas áreas, que possibilitem um envelhecimento com cidadania, no qual atuem a família, Estado e outros atores da sociedade (Küchemann, 2012).

Contribuição. Granick & Patterson (1971), citados por Cohen (1995) contribuíram ao mostrar o impacto, do envelhecimento e doenças sobre o funcionamento intelectual. Para os autores, não se pode justificar o declínio intelectual em grande parte da população idosa (dos 55 aos 90 anos) apenas como consequência inevitável da velhice.

Comportamentos. O que acontece é que os problemas intelectuais nos idosos costumam ser mal interpretados e quase sempre são considerados naturais ao processo de envelhecimento do cérebro.

Confusão. Isso porque as pessoas têm a tendência de confundir as atividades do cérebro, que envelhece, com as manifestações negativas de seus comportamentos, que são heranças mesológicas, genéticas e paragenéticas.

Soma. O corpo físico é composto por uma energia densa e tangível, é bem mais facilmente percebido e sentido, ao passo que o mentalsoma (discernimento) é menos perceptível e, às vezes, suas manifestações podem ser camufladas e passar despercebidas.

Senilidade. A senilidade é o período em que o cérebro envelhece patologicamente.

Distúrbios. Ao envelhecer, o cérebro pode desenvolver distúrbios mentais e doenças, as quais muitas vezes passam despercebidas ao serem entendidas como normais do envelhecimento ou da idade avançada.

Exemplos. Eis 4 exemplos em ordem alfabética:

1. **Concentração.** Dificuldade de concentração e memória.

2. **Cognição.** Alteração do funcionamento da aquisição de conhecimentos.

3. **Depressão.** Interferência nas percepções causada por diversos graus de depressão e ansiedade.

4. **Sono.** Mudança no padrão do sono como sintoma de esquizofrenia. Esse tipo de senilidade está associado a processos patológicos.

Senilidade. É bom lembrar, no entanto, que nem todo idoso é senil ou demente.

Valorização. Para evitar a senilidade, torna-se necessário tirar o caráter dramático, acalmar e valorizar a terceira e quarta idade como uma etapa da vida que exige uma postura dinâmica, atuante e de responsabilidade por si mesmo(a).

Oportunidades. Ter um cérebro que envelheceu significa ter vivido muito, o que é um privilégio de poucas consciências. Ampliar essa longevidade com lucidez e bom humor é aumentar as oportunidades evolutivas do paracérebro, que não envelhece, mas amadurece a cada nova experiência.

Lucidez. A condição de saber, aprender e manter a lucidez, quando o cérebro está sadio, não tem limites, nem mesmo numa idade avançada.

Capacidade. O reconhecimento da contínua capacidade humana de aprendizagem e recuperação de lucidez, durante a longevidade, ofusca frases como: "não se pode ensinar novas coisas aos cães idosos". Esta ideia pejorativa atualmente não está certa nem para os cães, pois se pode ensinar muito a eles, em qualquer idade (BERWICK, 1983).

Atributos. A literatura demonstra que os adultos em idade avançada têm potencial de aprendizagem e uma necessidade especial para continuar ou recomeçar as oportunidades educativas. Para tanto, vontade e motivação entram como predicados conscienciais a serem trabalhados e perseguidos.

Estímulos. Os estímulos, nas práticas educativas, devem continuar, pois as sinapses produzidas com desempenhos novos e aprendizagens novas levam a conscin a um rearranjo neuronal contínuo.

Psicossoma. Hoje, sabe-se que é possível estender a longevidade de 100 ou até mais, e que esta população muitas vezes vive 2/3 de suas vidas sob o predomínio do psicossoma, com impulsos animais do porão consciencial e a predominância de um estado emocional exacerbado.

Equilíbrio. O ideal seria que todos buscassem o equilíbrio dos veículos de manifestação da consciência, o que pode contribuir para retardar a senilidade.

Velhice. Sem a estabilização dos citados veículos, ao se deparar com a velhice, a conscin poderá sofrer e se permitir manter em sofrimento como forma de *dramatizar e se vitimizar* perante si mesma e perante aqueles com quem convive.

Técnicas. Para tanto, existem técnicas que a Projeciologia e a Conscienciologia propõem que serão explicadas na Seção 5.

Sabedoria. Na maioria das vezes, as pessoas se deixam envelhecer *sem saber viver ou se preparar para este envelhecer.*

Constatação. *Quando as conscins constatam a chegada da velhice, em geral, negam a idade,* ficam revoltadas, deprimidas e, por fim, após algum tempo, se conscientizam de que a situação é irremediável, mas plenamente *aceitável.*

Perdas. O homem e a mulher, muitas vezes, não aceitam as perdas inevitáveis desse momento, não concordam com essa realidade e acabam abrindo mão do tão importante *continuar a viver,* passam a se sentir inúteis e adotam a postura de quem apenas "espera a morte chegar". Desistem, assim, das novas oportunidades evolutivas oferecidas por essa etapa da vida.

Melin. Nestes casos, em seguida, sobrevêm a depressão e o tédio, que concorrem para o desenvolvimento de doenças e de um grande vazio, o que pode fazer com que a vida perca o sentido e as conscins sejam acometidas da melancolia intrafísica (melin). Contudo, não se pode generalizar. Existe a velhice, saudável, produtiva e feliz.

Avanço. Hoje, com o avanço da ciência, prolonga-se o tempo de vida, sem haver uma preocupação com a inclusão das pessoas idosas, que, muitas vezes, se sentem isoladas e excluídas da convivência social.

Aproveitamento. O aumento da longevidade pode ser uma oportunidade para melhor aproveitamento evolutivo, mas muitas vezes esses anos a mais são desperdiçados nos corredores de asilos ou em um quarto simples de uma casa suntuosa.

Família. Sem o compromisso dos familiares de assumir a responsabilidade de cuidado com seus idosos, eles muitas vezes são ocultados e/ou ignorados, pois a família pensa que os velhos custam demais e vivem demais.

Maturidade. *Saber envelhecer não é fácil para ninguém.* A conscin sente que seu caráter e seus pensenes são os mesmos ou até melhores a partir da maturidade consciencial adquirida, entretanto, o soma já está debilitado e enfraquecido.

Alternativa. Diante do exposto, a atitude mais inteligente é buscar preparar-se para a velhice desde cedo, através de cuidados profiláticos com vistas à saúde holossomática, à autossuficiência financeira e à manutenção da lucidez, com ênfase no desenvolvimento cognitivo por meio de atividades estimulantes, contínuas e diversas de aprendizagem e de mente aberta para o novo (neofilia) e para a vida.

5. Envelhecimento e Adaptações Necessárias

Aposentadoria. Aposentadoria é o ato ou efeito de se aposentar; conceder aposentadoria; afastar-se definitivamente do serviço ativo, depois de certo número de anos de trabalho, ou por invalidez, ou por idade avançada; receber determinada pensão vitalícia (SACCONI, 2010).

Desvantagens. Em tese, a aposentadoria pode ser perigosa e até matar prematuramente como uma doença. É preciso continuar trabalhando ou permanecer ocupado(a) de modo construtivo.

Ociosidade. A ociosidade pode tornar-se um trafar inevitável na aposentadoria quando há falta de maturidade e pode, inclusive, antecipar a dessoma. Entretanto, a ociosidade pode ser evitada de diversas formas, como pela prática de um trabalho de voluntariado, por exemplo.

Fatuística. Esta autora aposentou-se aos 63 anos de idade, já ativa há muito tempo no voluntariado conscienciológico, sempre entendendo que aposentadoria não é ociosidade, é reciclagem contínua de vida.

Benefícios. A aposentadoria é uma fase excelente para empreender o processo e/ou projeto de autoconhecimento, bem como para a prática da interassistencialidade.

Comportamento. Com a aposentadoria, se quiser iniciar reciclagens de vida, estabeleça metas para as mudanças necessárias e faça sua parte, assim o processo flui.

Processo. É importante conhecer a sua meta de mudança, preparar estratégias e manter o corpo emocional equilibrado para possibilitar o alcance do planejado. Continue observando o comportamento que deseja mudar, *observe* a mudança, faça a mudança (GALLWEY, 1996, p. 88).

"Vida é ação contínua" (VIEIRA, 2014).

Dinheiro. Apesar de ser apenas uma palavra, dinheiro carrega uma força energética e psicológica que pode desestruturar o ser humano, principalmente, na terceira e quarta idade. "Dinheiro é energia" e toda energia deve ser bem aplicada.

Efeitos. É possível observar efeitos curiosos relacionados ao dinheiro, como a confiança quando se tem sua posse e a insegurança na falta dele.

Racionalidade. Muitas pessoas empregam o dinheiro de modo errado ou irracional. Vale pensenizar com autoesforço sobre a Dinheirologia desde a juventude para ter tranquilidade financeira na velhice.

Negativo. Nesta dimensão intrafísica, necessita-se do trabalho digno e do dinheiro honesto. Muitos conseguem fazer dessa ferramenta uma paixão, mas muitos a transformam em motivo para estresse ou inveja. A maioria dos seres humanos *não* é ainda capaz de lidar com racionalidade com o dinheiro. Algumas conscins acumulam muito, outras estouram seus cartões de crédito e tornam o controle incontrolável.

Cérebro. Percebe-se que o cérebro de algumas pessoas reage ao dinheiro como a uma *droga*, de modo compulsivo e com o vício de sempre querer mais. Outras o encaram como um *amigo* necessário para viver uma vida benéfica. O mais inteligente é a conscin lúcida criar o próprio "pé-de-meia" e viver com independência financeira.

Máxima. Há *bilionários escravos* do seu dinheirão. Há *pobres senhores* do seu dinheirinho.

Status. Possuir recursos financeiros pode levar ao consumismo inútil, mas há pessoas que, por mérito, sabem empregar bem o dinheiro com racionalidade. De qualquer forma, ter dinheiro é sinônimo de *status,* tanto que a falta dele pode levar à depressão e até ao suicídio.

Emocional. O dinheiro assume conotações emocionais e influencia o funcionar psicológico. A aquisição de um capital extra deixa as *pessoas menos* preocupadas com a sua vida econômico-financeira e representa, muitas vezes, além da sobrevivência física, uma tranquilidade psíquica e aumento da autoestima.

Tranquilidade. Quando têm a vida financeira razoavelmente equilibrada, as pessoas idosas tendem a ser mais resistentes às doenças e, assim, conseguem a paz pessoal tão merecida após uma história de trabalho e muito esforço.

Idade. Na idade avançada, a independência financeira permite o pagamento de cuidadores (as), caso seja necessário. *A minifortuna liberta* (VIEIRA, 2014).

Sono. O alcance da terceira idade pode ocasionar modificações na qualidade e na quantidade do sono, especialmente a partir dos 65 anos. Com essas alterações de sono e repouso, a *homeostase holossomática* pode ficar prejudicada.

Modificações. De fato, percebe-se que é normal haver modificações do sono a partir da terceira idade, razão pela qual são comuns as queixas das pessoas idosas sobre o sono com o passar dos anos.

Fatores. Prováveis fatores como doenças físicas, distúrbios emocionais e fatores ambientais são capazes de alterar o padrão do sono e podem provocar, dentre outros, os seguintes problemas:

1. Defasagem energética devido à diminuição do sono noturno, causada pelo hábito de cochilar durante o dia.

2. Acordar várias vezes durante a noite por mau hábito, uma prática prejudicial à boa qualidade do sono.

3. Demorar a pegar no sono.

4. Despertar mais cedo.

5. Sofrer, durante o sono, interferência negativa de qualquer ruído.

6. Ter dificuldade para alcançar o sono profundo.

7. Sofrer de insônia, o que é comum para a maioria das pessoas idosas e que pode ser causada por estresse, ansiedade ou depressão.

Alternativas. Para distúrbios como ronco, insônia e apneia existem tratamentos paliativos com resultados satisfatórios.

Preservação. Sono e repouso exercem funções necessárias para a preservação da vida e podem evitar alterações drásticas no desempenho cognitivo diário das pessoas idosas, principalmente em relação à **memória** e à **cognição**.

Profilaxia. Atividades físicas regulares são necessárias para a manutenção do soma e colaboram com o bom funcionamento do metabolismo e dos sistemas reguladores do sono e do bem-estar, mas dependem da saúde e das condições da pessoa idosa.

Exemplo. Esta autora pratica exercícios físicos desde a infância. Até os 19 anos, houve a prática de natação. Após os 20 anos, mesmo casada e com quatro filhos, a prática da caminhada era rotina útil constante. Atualmente, com 78 anos de idade (ano-base 2018), optou pela prática de pilates e academia.

Noite. Além da atividade física, na hora de dormir, esta autora aplica a Técnica da Autorrelaxação Psicofisiológica (VIEIRA, 1999) e a Técnica da Respiração Rítmica (VIEIRA, 1999), as quais têm se mostrado eficientes contra insônia, o que dispensa uso de medicamentos e estão descritas na seção V.

Sexo. O sexo entre pessoas idosas tem sido encarado, há muito tempo, como inexistente e até mesmo desnecessário, mas isso não é verdade. O amor e a libido e sua transposição em ação entre as pessoas idosas são a regra, mais que a exceção (Cohen, 1995).

Sexualidade. A sexualidade na terceira e quarta idade exige mudanças, não tem como negar. Entretanto, questões como a busca por um desempenho contínuo para muitos, novas oportunidades para outros, não devem ser desprezadas somente devido à idade das consciências envolvidas.

Impotência. Segundo Cohen (1995), a impotência nunca é uma mera e simples consequência da idade, mas o resultado de certo número de causas, doenças ou efeitos colaterais de drogas. Entretanto, os fatores psicológicos são as causas mais frequentes.

Clínicas. Existe um número crescente de clínicas e médicos competentes para avaliar os interesses sexuais das pessoas idosas e esclarecer sobre quaisquer limitações e precauções, com abordagens didáticas e terapêuticas a essas consciências gerontes.

Mental. A pessoa da terceira e quarta idade mentalmente sadia excita-se, durante a oportunidade de atividade sexual, influenciada pela sua própria maturidade e discernimento.

Doenças

Incidência. Algumas doenças diretamente relacionadas ao cérebro tais como Acidente Vascular Cerebral (AVC), mal de Alzheimer, mal de Parkinson e demências em geral, passam a ser mais comuns a partir da terceira idade.

AVC. O Acidente Vascular Cerebral (ou cerebrovascular) é uma súbita e inesperada intervenção na função cerebral, devido a um distúrbio, como hemorragia cerebral, ou oclusão de um vaso por trombo ou êmbolo, vasodilatação etc., resultando em isquemia cerebral. As sequelas de um acidente cerebrovascular *dependem da localização e extensão da isquemia.* Paralisia, fraqueza, defeito na fala, afasia e até a morte podem ocorrer (Sacconi, 2010).

Alzheimer. A doença de Alzheimer é um distúrbio cerebral degenerativo caracterizado por *demência-deficiência da memória* e de outras funções intelectuais, associadas com mudanças comportamentais (COHEN, 1995).

Déficits. Os déficits em duas ou mais áreas de cognição advêm da defasagem progressiva da memória e de outras funções cognitivas mais básicas.

Declínio. A causa da doença de Alzheimer é desconhecida e não existe qualquer meio que garanta a proteção da conscin contra o declínio da autolucidez na velhice, que pode aparecer dos 40 aos 90 anos.

Hipóteses. Hipóteses sobre o tema não têm faltado, mas até agora levaram pesquisadores por diversos caminhos equivocados, já que a solução quanto à etiologia da demência é ainda ilusória e continua um mistério.

Resultados. Colocar em ação a atenção, ler o texto várias vezes, registrar ou resumir, falar em voz alta ao(à) e amigo(a) sobre o entendimento adquirido. Esta autora aplicou tais técnicas no marido portador do mal de Alzheimer e resultados positivos mútuos foram obtidos.

Solução. A corrida para a solução ou descoberta desse quebra-cabeça continua e espera-se que as respostas para o mal de

Alzheimer, a "Doença do Século", cheguem antes do final do século. É preciso reconhecer, porém, que ainda há muitos pontos que não são conhecidos sobre a cognição do indivíduo com demência. De qualquer forma, os avanços da Medicina podem aumentar a longevidade e a qualidade de vida de pessoas sem alienação, motivadas, otimistas, abertas às experiências novas e decididas a envelhecer com saúde.

Parkinson. O mal ou doença de Parkinson é uma doença neurológica, lentamente progressiva, degenerativa e crônica, de causa desconhecida, que ocorre geralmente após os 60 anos (mas pode ocorrer também em jovens, principalmente depois de encefalite aguda); provoca rigidez da face e outros músculos. Foi descrito pelo inglês James Parkinson (1755-1824) (SACCONI, 2010).

Confusão. Entretanto, uma doença neurológica, tal como as que foram citadas, pode disfarçar uma depressão coexistente em pessoas idosas.

Depressão. Outro problema observado é a depressão, um transtorno de ordem psíquica caracterizado pelo estado de desencorajamento e perda de interesse, determinando problemas imaginários ou experiências reais de sofrimento, interesses físicos e/ou psíquicos, podendo ocorrer em qualquer idade física (ROSSA, 2014). Os estudos sobre o cérebro em relação à depressão têm colaborado para a maior compreensão do tratamento de comoções em qualquer faixa etária (COHEN, 1995).

Debilidade. Este transtorno envelhece a conscin, debilita o corpo físico, afeta a memória e a saúde geral.

Ruminação. A observação da ruminação mental do idoso pode conduzir ao reconhecimento dos sintomas da depressão.

Auxílio. O ideal para a conscin depressiva é procurar auxílio terapêutico profissional para evitar longo tempo de desânimo e desmotivação.

Prevenção. Buscar a prevenção da senilidade por meio de medidas profiláticas de manutenção da saúde mental e cognitiva ainda é a melhor forma de tentar escapar da demência na velhice.

Equilíbrio. O equilíbrio do intermissivista através do tempo de vida intrafísica deve considerar a consciência integral (holossoma, multiexistencialidade e multidimensionalidade) desde a infância e adolescência. Não há longevidade *produtiva* se predominou, na conscin, o desequilíbrio integral desde a juventude.

Pós-dessoma. Conscins intermissivistas, mesmo quando passam por doenças mentais, podem retomar a lucidez após a dessoma, sem quaisquer sequelas na estrutura do psicossoma geradas por semelhantes patologias somáticas. Porém tais doenças podem dificultar o enriquecimento *paracerebral* nesta vida intrafísica, o que, por hipótese, pode limitar a capacidade de retomar a lucidez na intermissão.

Parapsicose. Um longo período de caducidade e ranzinzice, tornam-se características arraigadas à consciência com o passar do tempo, o que pode levar à condição de uma parapsicose profunda pós-dessoma.

Profilaxia. Portanto, desde já, quem deseja evitar os distúrbios mentais e éticos que podem chegar a qualquer consciência após a dessoma, deve adotar técnicas de profilaxia efetiva, além de adquirir ideias novas e abandonar as teimosias e imaturidades em geral.

Perdas Inevitáveis

Aceitação. A velhice traz perdas, o que é inevitável nesta vida intrafísica, mas muitas conscins não aceitam essas perdas e lamentam-se constantemente das privações sofridas. Entretanto, buscar uma postura positiva, otimista e corajosa é libertador e traz o prazer de viver a vida.

Lamentações. É comum ouvirmos lamentações do tipo: Como são difíceis os dias de uma pessoa idosa... O corpo físico fica mais fraco, a capacidade dos cinco sentidos torna-se limitada, o poder do cérebro diminui, todos os ossos doem...

Citação. A imagem negativa associada ao envelhecimento pode ser ilustrada pela citação de Simone de Beauvoir, que afirmou, certa vez: "A velhice é a pior das desgraças, pior mesmo que a morte" (VIORST, 1986, p. 292).

Privações. Ninguém pode negar que a velhice engloba várias privações – da saúde, de um lugar na comunidade familiar, do trabalho, da autogestão financeira, do controle das escolhas e ações dentre outras.

Idosos. Para muitos idosos, cada dor, cada mal-estar, cada declínio físico representam uma perda insustentável, agressiva ou mesmo intolerável. Entretanto é preciso entender que o envelhecer não é uma doença, mas um retardamento das funções físicas. Mudar o sentido pejorativo do conceito de velhice é fundamental para que as conscins aprendam a envelhecer com mais saúde e satisfação pessoal.

Pessimismo. Há pessoas que se fixam no que é ruim e só conseguem estabelecer vínculos com outras pessoas por meio do que há de pior, além de remoer doentiamente o passado negativo. Por esse processo, podem entrar em crise e passar a sofrer de depressão.

Autoassédio. As consciências que adotam essa e outras posturas patológicas permanecem em conflitos internos e externos, pois vivem em autoassédio constante, o que representa porta aberta aos heteroassediadores e acelera o envelhecer precoce.

Crises. A maioria das conscins ainda prefere fugir das crises por meio dos diversos mecanismos de defesa do ego (MDEs) e outras formas de mascarar ou negligenciar os problemas. Outras, mais organizadas, sabem aproveitar as adversidades em seu benefício e, assim, ampliam mudanças e buscam o autoenfrentamento das crises como oportunidade de reciclagem existencial.

Ativas. Pessoas cheias de vida podem retardar o processo de envelhecimento, mas a maneira de encarar esse envelhecer é o mais importante: é preciso saber vivenciar este *envelhecer* e adaptar-se às novas necessidades holossomáticas.

Trabalho. Uma das áreas da vida que exige adaptação é a relação da conscin com o trabalho, que é o esteio da identidade pessoal, onde se formam círculos de colegas ou amigos com quem se passa a maior parte dos dias, o que favorece os contatos sociais e a afetividade. A diminuição da renda e o isolamento após a aposentadoria tornam as pessoas idosas inúteis aos olhos das demais conscins, segundo os padrões materialistas e utilitaristas da sociedade.

Socin. A socin tende a privar a conscin que envelhece da oportunidade de viver plenamente, seja pela inadequação dos espaços físicos, pela comunicação ineficiente ou insuficiência dos transportes coletivos.

Perdas. Esta autopesquisa vem esclarecer que as perdas na velhice acontecem, para uns mais cedo, para outros mais tarde, mas envelhecer é inevitável e não é tão terrível assim.

Manutenção. Não existe um modo de viver plenamente a velhice. Alguns mantêm uma vida totalmente otimista, com novos relacionamentos e novos projetos, sabem envelhecer com a aceitação das perdas, com bom humor, desdramatizam a velhice, vivem em paz consigo e boa autoestima.

Modos. Conclui-se, assim, que a pessoa idosa pode ser ativa ou desligada, rabugenta ou serena, conforme sua própria escolha.

Alegria. Portanto é pró-evolutivo que a conscin idosa deixe a *alegria* entrar em sua vida. Em vez de imaginar, experimente... Observe a beleza das pequenas coisas, desfrute os momentos de lazer, aprecie a Natureza ao seu redor.

Lucidez. O(a) geronte lúcido(a) adquire maturidade, maior liberdade, prazer e entusiasmo. Desse modo, prova que é possível continuar a mudança ou renovação de vida na terceira ou quarta idade.

Potencial. Por isso, explorar o potencial que existe no próprio cérebro/paracérebro é profilaxia indispensável para que a velhice seja uma fase de aproveitamento evolutivo, repleta de aprendizagens e reciclagens.

Soma. A partir da terceira idade, o soma da conscin começa a "bater pino", porém, a intelectualidade lúcida e produtiva torna-se mais rentável e evolutiva, em função da bagagem pessoal acumulada.

Saudável. Para envelhecer de maneira saudável, é preciso tirar o caráter dramático da velhice, portanto, é necessário valorizar a terceira e quarta idade, com uma postura dinâmica, atuação lúcida e responsável pela própria vida, sem vitimizações, indo além dos rótulos de qualquer natureza.

Privilégio. Chegar à terceira e/ou quarta idades com saúde e vigor, manter uma percepção positiva da vida e do processo natural de envelhecer, é um privilégio para a consciência, mas são necessárias algumas medidas para manter a lucidez nessa faixa etária.

Desformatação. Adquirir novos hábitos, abandonar os maus costumes e desconstruir o formatado é imprescindível para um envelhecimento saudável. Um idoso pode seguir o exemplo de uma criança que não se esforça para abandonar hábitos envelhecidos, ela simplesmente *inicia novos*.

Costumes. Não é necessário esgotar-se na tentativa de eliminar velhos costumes, basta dar início a hábitos originais e pró-evolutivos. Escolha o que deseja modificar, escreva em detalhes o que precisa fazer e reconstrua-se, una o necessário ao útil.

Amizade. Na terceira e quarta idades, os relacionamentos e as amizades são ótimas aquisições e devem sempre estar presentes no cotidiano. São importantes para manter o equilíbrio emocional e atender às necessidades afetivas da conscin.

Convivialidade. O bem-estar é um estado dinâmico que pode ser proporcionado pela convivialidade sadia, no qual a consciência é capaz de desenvolver seu potencial, ser produtiva e criativa e, assim, contribuir com a proéxis individual e grupal.

Solidão. Por isso, é preciso manter a atenção para aspectos como a sensação de solidão ou isolamento, que afeta profundamente o ser humano. A pessoa solitária sente-se desconectada do universo em relação aos seres sociais, o que pode causar a diminuição da resistência às doenças e o enfraquecimento do sistema cardiovascular e imunológico.

Eliminação. A solidão pode ser eliminada quando a pessoa interage com autoconsciência com a multidimensionalidade, convive com conscins, consciexes e também com animais subumanos.

Projetabilidade. Para quem vive com lucidez nas dimensões energética e extrafísica não existe solidão. A conscin clarividente e projetora **jamais** será solitária: *conhecer a multidimensionalidade é experimentar a vida sem solidão.*

Riqueza. A vida da pessoa idosa que experimenta a interação multidimensional é abundantemente rica, não existe tédio, são muitas consciências a colaborar com a interassistencialidade com a qual o(a) geronte se compromissou, por exemplo, a Tenepes.

Altruísta. A pessoa idosa que adquiriu a autoconscientização multidimensional sente-se feliz com a felicidade e o bem-estar das outras consciências.

IMPORTA AO INTERMISSIVISTA MANTER A AUTOPERCU-CIÊNCIA MULTIDIMENSIONAL NAS EXPERIMENTAÇÕES DIUTURNAS, ENRIQUECENDO O CÉREBRO E O PARACÉ-REBRO VISANDO AO REJUVENESCIMENTO CONSCIENCIAL.

SEÇÃO III

O PARACÉREBRO

1. Paracérebro

Paracérebro. Paracérebro é o cérebro extrafísico do psicossoma da consciex, e de todas as consciências que ainda portam este veículo, o *locus* da *megalopsiquia*, realidade máxima do princípio consciencial, essência primordial de toda manifestação do ego ou do *Homo sapiens paracerebralis*, permanentemente sem psicossoma (VIEIRA, 2014).

Paracerebrologia. A *Paracerebrologia* é a ciência aplicada ao estudo do *paracérebro* ou do cérebro extrafísico do psicossoma (VIEIRA, 2014).

Interparacerebrologia. É a ciência aplicada aos estudos específicos, sistemáticos, teáticos ou pesquisas e vivências da conexão do Paracérebro de uma consciência em comunicação ou interação direta com o Paracérebro de outra consciência (VIEIRA, 2014).

Parafenômeno. Esse parafenômeno exige pesquisa teática dos intermissivistas, pois se manifesta com alta relevância, de modo impositivo e inarredável, na interação ou no *pluge interconsciencial* do *binômio* (dupla) *amparador de função – praticante da Tenepes*. Quem orienta as assistências nas práticas tenepessistas é o amparador extrafísico, através dos *heterocomandos* (VIEIRA, 2014).

Princípio. O paracérebro é o princípio organizador eficiente da Paragenética pessoal. A Paragenética pessoal é o princípio organizador do mentalsoma. O mentalsoma é o princípio organizador do psicossoma. O psicossoma é o princípio organizador do soma (VIEIRA, 2014).

Hemisférios. O paracérebro apresenta maior sutileza que o cérebro humano, não dispondo de matéria tão densa em sua *estrutura livre*, como ocorre aos 2 hemisférios humanos (VIEIRA, 1997).

Parafisiologia. Do ponto de vista da Parafisiologia, assim como o cérebro humano sedia o paracérebro, este sedia o mentalsoma.

Ponteiro. O paracérebro é a sede do ponteiro da consciência, a *caixa preta* da consciência, a expressão da consciência e do temperamento. Seu acervo sustenta a parafisiologia do psicossoma, e a seriexologia é a codificação paragenética.

Mutabilidade. O cérebro se diferencia do paracérebro quanto à mutabilidade, pois cada cérebro surge e se desenvolve, de acordo com heranças genéticas e paragenéticas, e desaparece juntamente com o corpo humano a cada vida intrafísica (VIEIRA, 1997).

Utilização. A destreza na utilização evoluída do paracérebro, associada ao discernimento do mentalsoma, é o resultado de múltiplas paracicatrizes do paracérebro aplicado ao anseio emocional do psicossoma.

Estrutura. A memória, assim como os muitos outros atributos creditados ao cérebro, na verdade está localizada nesta estrutura ainda desconhecida pela ciência convencional, o Paracérebro. É ele o modelo formativo para o cérebro, o mantenedor e principal responsável pela sua forma e funcionamento cognitivo.

Bagagem. A bagagem cognitiva do paracérebro extrafísico do psicossoma possui predicados, como: o rejuvenescimento do paravisual psicossômico, a sinalética energética parapsíquica pessoal, as aprendizagens adquiridas pelas projeções lúcidas, o parapsiquismo mentalsomático, a bagagem do intermissivista, o energossoma assistencial, a perdurabilidade do Paracérebro nas consciências até o nível do Serenão, a função da transfiguração do psicossoma.

Cansaço. Não existe cansaço do paracérebro. O que pode ocorrer é sua má aplicação por ignorância, o que traz o esmorecimento ou a desmotivação, sempre uma categoria de nosografia ou enfermidade.

Cultivo. Preparar com vontade o cérebro e o paracérebro para o alcance da inteligência evolutiva e plantar desde já hábitos cognitivos sadios no dia a dia permitem uma colheita evolutiva gratificante.

Ideias. No cérebro e no Paracérebro, as ideias são elaboradas e experimentadas, de modo a construir as aprendizagens e paraprendizagens.

Intelectualidade. Quando a conscin se intelectualiza, começa a pautar sua vida humana a partir da atuação preponderante do mentalsoma.

Sede. O Paracérebro é a sede do mentalsoma, portanto, a sede da consciência.

Discernimento. O mentalsoma é o responsável pela evolução da consciência, portador do autodiscernimento e de ideias avançadas. Está sediado no Paracérebro do psicossoma, é o veículo mais evoluído, o corpo da *razão*, de sentimentos fraternos em lugar das emoções exacerbadas.

Mentalsomática. A conscin se manifesta em dimensões mais evoluídas (dimensão mentalsomática) por esse veículo, quando atua isoladamente, sem o corpo humano, o energossoma e a forma humanoide do psicossoma (VIEIRA, 1999).

Pensenidade. Na análise do mentalsoma está o entendimento da pensenidade, a começar pelos choques biológicos sobre a evolução da consciência, tanto o renascimento e seu restringimento quanto à dessoma e o período intermissivo são eventos que não alteram a natureza pensênica.

Atividade. A atividade mentalsomática não só estimula o Paracérebro, como também modifica o cérebro e o conduz a uma mudança de forma, segundo as áreas mais utilizadas pela conscin.

Treinamento. O treinamento mentalsomático pode ajudar a alterar positivamente a atitude da conscin, que é quem decide o que fazer com seu corpo emocional ao utilizar o atributo da voliciolina. Além do mais, sempre é possível mudar antigos hábitos e posturas inúteis ou negativas.

Cognição. A estimulação cognitiva utiliza o hemisfério direito e é necessária à manutenção do soma sadio, pois evita a deterioração do cérebro nas etapas avançadas da vida.

Deterioração. À medida que envelhecemos, ocorre naturalmente uma deterioração maior no hemisfério direito em relação ao hemisfério esquerdo. Isso porque usamos mais o hemisfério esquerdo, responsável pelas aprendizagens armazenadas e consolidadas, que enriquecem o paracérebro.

Para-hemisférios. Para aprendermos algo novo, necessitamos do hemisfério direito, mas, à medida que alcançamos um melhor nível de aprendizado, essas atividades passam a ser controladas pelo hemisfério esquerdo, sendo essas as nossas experimentações teáticas.

Lucidez. Somente a consciência lúcida possui o intelecto efetivo e consegue empregar com toda plenitude o seu Paracérebro enobrecido.

Emotividade. O Paracérebro constitui o fulcro básico das *emoções* de todos os tipos que empolgam a consciência, daí porque o psicossoma é o veículo a ser observado no cotidiano, com o objetivo de diagnosticar e promover as reciclagens que precisam ser feitas. Essa é uma das propriedades do paracérebro mais difíceis de se utilizar convenientemente. Assim, o discernimento mentalsomático é a teática da conscin lúcida.

Ansiedade. A ansiedade pode ser uma emoção natural de caráter adaptativo, mas, em excesso, pode ser a base de várias doenças e afetar diretamente o mentalsoma, a cognição, o rendimento intelectual e outras situações. O ideal seria que as emoções fossem dominadas, pois, se não controladas, podem ser negativas, por alterarem o sistema nervoso autônomo. Os pensenes com predominância de emocionalidade exacerbada desencadeiam alterações negativas.

"O paracérebro é o paraobjeto mais sofisticado e transcendente em nossas pesquisas do autoconhecimento, dentre todas as formas semifísicas que já identificamos" (VIEIRA, 1997).

Priorização mentalsomática

Holomaturidade. A holomaturidade é a realidade consciencial evolutiva quando a priorização é mentalsomática. O mentalsoma é como um despertador supereficiente para a evolução contínua de si mesmo.

Estabilização. Por isso, o corpo mental é o veículo de maior poder para o ajuste emocional, responsável por adequar e contrabalançar o holossoma. O entendimento e a adaptação emocional facilitam as posturas homeostáticas por meio de tomadas decisórias paracerebrais.

Reflexão. O desenvolvimento da ponderação mentalsomática, com serenidade e foco em assuntos avançados, desenvolve e enriquece cada vez mais o cérebro e o paracérebro, o que favorece maior equilíbrio holossomático e lucidez consciencial.

Biologia. As imaturidades conscienciais parecem continuar e permanecer ainda por milênios, uma vez que o corpo humano é o veículo predominante na maioria da humanidade.

Tempo. Por outro lado, o tempo de vida intrafísica dos seres humanos tem aumentado nas últimas décadas, o que permite uma atuação consciencial maior com o objetivo de se chegar à maturidade integral.

Consciente. Após os 40 anos, a conscin torna-se mais predisposta à projetabilidade através do mentalsoma, justamente porque tende a se distanciar das emoções exacerbadas e, assim, pode obter o controle e a paz íntima em ações multidimensionais.

Expansão. A projeção de cosmoconsciência pode acontecer, quando ocorre a soltura do mentalsoma da consciência parapsíquica ou da consciex lúcida em relação ao paracérebro do psicossoma, quando não dispõe do energossoma, do cordão de prata, nem do corpo humano.

Intelectual. O avanço mentalsomático escancara o caminho existencial na vida intra e extrafísica, a partir do autodiscernimento intelectual, e, assim, desconstrói contrafluxos da socin (sociedade intrafísica) ainda patológica.

Sabedoria. A bagagem mentalsomática ou paracerebral traz a sabedoria essencial e qualifica a percepção.

Receptivo. O abertismo mentalsomático é a condição mental de paracaptação da conscin acessível às emissões heteropensênicas positivas, seja de conscins, consciexes ou ambientes, em qualquer lugar e a toda hora.

Experienciologia. Quanto mais idosa e traquejada no trabalho com novos conceitos evolutivos, maior pode ser o desembaraço intelectual da pessoa que revela a força pessoal, o nível da inteligência evolutiva (IE) e o equilíbrio de seu microuniverso.

Reprodutor. Com o uso do encéfalo treinado e da memória bem desenvolvida, o cérebro passa a ser reprodutor de informações armazenadas no paracérebro.

Sinergismo. Daí a importância do sinergismo paracérebro--cérebro na pensenosfera holossomática.

Autoconsciencialidade. O paracérebro sempre atuante e antenado amplifica a autoconsciencialidade o tempo todo, torna-se interassistencial e permanentemente desassediado, como o ser desperto, meta maior nesta vida intrafísica.

Desembaraço. O desembaraço intelectual é a destreza consciencial no esforço mentalsomático, o que proporciona autoconfiança, autossegurança e autoestima e demonstra a habilidade do uso lúcido dos atributos conscienciais.

Autoconfiança. Já a autoconfiança é a capacidade de ultrapassar limites, o que exige priorização e autorganização holossomática até o alcance da desenvoltura cerebral-paracerebral desejada.

Necessidade. A *autoavaliação paracerebral* constante é necessária à conscin interessada em modificar sua condição de comodismo, preguiça ou desinteresse, com o mentalsoma desmotivado ou encurtado. As desculpas e justificativas estão sempre presentes na vida das conscins que não priorizam o desenvolvimento de habilidades intelectuais.

Autodidatismo. As leituras especializadas contínuas, o autodidatismo como rotina útil e o paracérebro dicionarizado permitem que a conscin saia da mediocridade e saiba lidar melhor com os momentos decisórios próprios da sua faixa etária, o que acelera sua história pessoal. No cérebro e no paracérebro sem leituras nem pesquisas, os conhecimentos param de fluir.

Posturas. Eis 7 posturas pessoais capazes de compor o avanço paracerebral:

1. **Abertismo:** Atuar na assistência pelo atacadismo consciencial; universalismo cósmico.

2. **Autodidatismo ininterrupto:** formar-se em curso superior e especialidades.

3. **Informática:** atualizar-se na verdade relativa de ponta.

4. **Lexicografia:** trabalhar o dicionário cerebral, analógico e poliglótico.

5. **Publicações:** iniciar gescons, artigos, ensaios, verbetes e livros.

6. **Tridotação:** vivenciar o trinômio intelectualidade-parapsiquismo-comunicabilidade.

7. **Viagem:** organizar viagens culturais, pedagógicas e internacionais.

Experimentologia. Pela Experimentologia, a melhoria mentalsomática vem como um amplificador da consciencialidade. A consciência lúcida é capaz de patrocinar, com sua força presencial e a potencialização cosmoética dos holopensenes intra e extrafísico, o relaxamento sadio, o bem-estar e a serenidade das conscins e consciexes do local e naquele momento evolutivo.

Oportunidades. O tempo, as oportunidades e as informações para pensar e agir de modo útil estão aí. O paradigma consciencial traz inúmeras ferramentas para o pesquisador interessado. Mesmo com os afazeres diários, é possível dedicar-se às tarefas humanas libertadoras, tais como a tarefa de esclarecimento (tares) e a tenepes, sem deixar as metas humanas. Basta "levar tudo de eito".

Evolução. A evolução da Paracerebrologia equivale ou é a mesma evolução da Conscienciologia (VIEIRA, 2014). Na medida que as verpons aumentam, amplia-se a capacidade cognitiva e de compreensão das conscins.

Teática. O envelhecimento cerebral sadio, a longevidade produtiva, a gestação consciencial, a desdramatização da dessoma, o entendimento de que o cérebro envelhece e o paracérebro amadurece, são imprescindíveis ao completismo existencial da conscin intermissivista.

2. Paracérebro e Serialidade

Seriéxis. Seriéxis é um conjunto de ressomas e dessomas sucessivas ou renascimentos em série, na condição de alternância continuada, multissomática e multimilenar (ROSSA, 2014).

Mecanismo. A cada nova vida física, a consciência possibilita o mecanismo contínuo, multimilenar e multiexistencial do renascimento intrafísico da consciex. Assim, em inúmeros somas ao longo das múltiplas existências, o paracérebro se adapta a cada cérebro novo e o influencia.

Atributos. Neste sentido, os atributos cerebrais e paracerebrais estão ligados à serialidade.

Vida. A cada vida humana o cérebro envelhece, adoece e morre. Por outro lado, o paracérebro enriquece sempre e, a cada renascimento, acrescenta ao cérebro novo a bagagem multimilenar.

Restringimento. Porém o restringimento imposto pela vida intrafísica dificulta a recuperação deste conteúdo armazenado na holomemória, o que provoca uma limitação da lucidez da consciência. Podem ocorrer repetições de posturas arraigadas, onde a consciência ressoma e dessoma sem modificar nada em sua condição existencial e sem abertismo para as neoideias, vivendo a condição de antepassado de si mesmo.

Autorrepetição. O antepassado de si mesmo é o indivíduo cujo passado não passou e, por isso, tende a viver, hoje, repetindo, inconscientemente, tudo já feito e ultrapassado em várias vidas humanas prévias, por intermédio de automimeses dispensáveis e contraproducentes perante a própria evolução consciencial (VIEIRA, 2003).

Fatos. As consciências automiméticas são fechadas, bairristas, sem autocrítica, com a existência humana trancada, antiparapsíquica, longe de aprender e vivenciar parapercepções, que vivem em meio à melancolia, tristeza e desinteresse ao que é evolutivamente prioritário.

Binômio. A técnica do binômio *desconstrução-reconstrução* de si mesmo é ferramenta excelente para sair dessas repetições existenciais desnecessárias. Essa técnica será descrita na Seção V.

Nível. Neste atual nível evolutivo, os seres humanos ainda não têm acesso a toda sua realidade multiexistencial. Já se sabe, contudo, que a consciência é a mesma ao longo de todo o ciclo evolutivo, durante o qual se aprimora e recupera sua lucidez.

Alternância. O ciclo ressoma-dessoma é o intervalo de tempo ao fim do qual se completa a condição de alternância multimilenar e multissomática (diversos somas), que pode ocorrer a partir do renascimento na dimensão intrafísica ou dessoma, com a volta da conscin à intermissão.

Indispensável. O ciclo pessoal e grupal da vida humana intrafísica é indispensável à evolução das consciências que vivem no nível evolutivo do planeta Terra. Viver como conscin lúcida quanto à multidimensionalidade é oportunidade evolutiva, pois torna possível a convivência com conscins doentes e perturbadas, sem se perturbar.

Intermissão. O intervalo existente entre uma vida humana e outra designa o período da intermissão, que permite Cursos Intermissivos para consciências mais lúcidas se prepararem para um novo renascimento – nova vida – a partir da elaboração de uma programação existencial (proéxis) ou projeto de vida.

Proéxis. A *proéxis* pessoal é a programação existencial de cada consciência intrafísica (conscin) em uma nova vida nesta dimensão humana, planejada antes do renascimento somático da consciência, ainda extrafísica (consciex) (VIEIRA, 2003).

Pré-ressomática. Durante o período intermissivo, ocorre a fase pré-ressomática, fase transitória de passagem da consciex para a vida intrafísica, quando acontece seu renascimento na qualidade de conscin.

Renascimento. Com o objetivo de executar a programação de vida, a consciência entra em um novo corpo físico para buscar melhor lucidez e menos egocentrismo.

Resssoma. Ressoma é o renascimento somático ou intrafísico, quando ocorre a vinculação da consciex (paracérebro e mentalsoma) ao novo soma por meio do energossoma (concepção humana).

Superação. A cada renascimento, a consciência terá de superar desafios, a começar por reaprender a dominar um novo corpo físico.

Reconciliações. A condição do restringimento somático permite reconciliações interpessoais possibilitadas pelo benefício do esquecimento. Porém afunila a lucidez e os atributos da conscin em um novo cérebro.

Afunilamento. O restringimento intrafísico provoca o afunilamento das retroaprendizagens neste cérebro em formação. O novo encéfalo é ainda muito acanhado para suportar os registros integrais do paracérebro.

Influência. As mais fortes interferências na vida das conscins são as influências da mesologia, da genética (cérebro) e da paragenética (paracérebro). Com a recuperação da lucidez e a execução e priorização da proéxis durante a vida humana, entretanto, ocorrem gradualmente as renovações necessárias.

Formatação. O meio – ou a mesologia – cresce em importância na formação da personalidade, formatando-a, moldando-a em condicionamentos pré-estabelecidos, tanto culturais e sociais quanto religiosos, familiares ou educacionais, positivos ou negativos.

Dessoma. Depois dos 70 anos, cumpridas ou não as cláusulas essenciais da proéxis, a conscin passa a se preparar para retornar à procedência extrafísica.

Atividade. O exercício da atividade mentalsomática desde a juventude se assenta na fase adulta e se estende até a fase idosa.

Resultado. Cada consciência é, hoje, o resultado do somatório das características genéticas, paragenéticas e mesológicas anteriores, que, por sua vez, resultam das suas próprias ações e reações, de tudo que pensa, sente e faz.

Autocompromisso. O intermissivista pode superar a influência estagnadora da mesologia pelo acesso à holomemória e rememoração do compromisso assumido, ainda na intermissão, de execução da sua programação existencial (Proéxis).

Escopo. O escopo máximo da vida humana proexológica é a meta, o foco: a programação existencial específica de cada consciência intrafísica, em sua vida nesta dimensão humana, planejada antes do renascimento, durante o Curso Intermissivo (CI).

Projeto. Este projeto de vida ou proéxis é realizado em todos os minutos da existência, como resultado de pequenas e grandes ações interassistenciais.

Objetivo. Seja qual for a sua proéxis, o seu objetivo será alcançar a desperticidade ainda nesta vida intrafísica.

Paradever. O paradever intermissivista é a responsabilidade específica do proexista lúcido quanto aos próprios compromissos assumidos perante o Maximecanismo Interassistencial Multidimensional.

Questionamento. Você admite a responsabilidade pelos compromissos interassistenciais estipulados em conjunto com o Eveluciólogo e assumidos durante o Curso Intermissivo (CI)?

Completismo. O resultado final da execução da programação de vida pode ser a obtenção do completismo existencial ou compléxis, uma condição serena e confortável.

Prêmio. O completismo é o coroamento de todo o esforço pessoal da consciência nesta vida intrafísica. Pode ser alcançado por meio de uma boa administração dos projetos da consciência humana.

Completista. A consciência é completista ao cumprir sua programação de vida, seja grande ou pequena, mas dentro do caminho certo, diretriz, setor ou nível que lhe foi atribuído.

3. Paracérebro e Projeções

Projeciologia. A Projeciologia, ciência que estuda as projeções da consciência para fora do corpo físico, é a chave, a base experimental para a abertura da conscin às proposições da Conscienciologia. Por intermédio da *autopesquisa* e da teática multidimensional, a doutrinação e a catequese tornam-se desnecessárias e a crendice passa a ser dispensável.

EAC. Projeção consciente (PC) ou projeção lúcida e parapsiquismo benéfico não são fantasias ou imaginação, porém, para admitir tais estados alterados da consciência (EAC), é necessário vivenciá-los, registrá-los através da projeciografia e analisá-los por meio da projeciocrítica.

Instrumento. A projeção lúcida constitui um instrumento parapsíquico fundamental à evolução das consciências, razão pela qual é prioritário buscar a fixação da experiência projetiva no paracérebro, a fim de enobrecê-lo com a aquisição de conhecimentos e informações acessadas na multidimensionalidade.

Chave. A PC é a chave evolutiva encontrada pelas conscins, por meio da qual começam a despertar do sonambulismo estagnante, multiexistencial e milenar, com o uso do paracérebro e do mentalsoma; a PC é o entendimento da imortalidade na prática.

Crendices. Em todas as idades, não se evolui para *acreditar*, pelo contrário, evoluir é questionar, duvidar, experimentar e desenvolver um senso crítico, construir uma visão de mundo intraconsciencial e extraconsciencial. Evoluir exige reeducação, estudo, ação e reflexão, daí a importância do "Princípio da Descrença": não acredite em nada, tenha suas próprias experiências.

Crença. Muitas vezes, as pessoas preferem ser enganadas ou autoenganarem-se. *Crer* é muito mais fácil do que questionar, pesquisar e investigar, por isso, no processo do envelhecer, as crenças tendem a se intensificar.

Hábitos. O hábito de projetar-se lucidamente substitui crenças ou fé raciocinada pela aprendizagem vivenciada, a partir da saída da consciência para fora do corpo humano em busca do saber multidimensional multimilenar.

Teática. Portanto a projetabilidade lúcida é uma das condições para a vivência teática do *Princípio da Descrença* e de toda pesquisa conscienciológica, cujo enfoque é multidimensional e multimilenar.

PC. Ademais, a projeção consciente é um instrumento que pode trazer uma satisfação de inestimável valor interassistencial para a humanidade.

Paravisão. Isso porque a conscin, quando sai temporariamente do corpo físico, tem acesso a um valioso instrumento de aprendizagens informativas e interassistenciais, que permitem a extinção de apegos em geral e a entrada em uma condição expandida da consciência pré-dessomante.

Exemplificação. Para exemplificar teaticamente o exposto nesta autopesquisa, expõe-se, a seguir, um relato projetivo que mostra o resultado da relação entre o paracérebro, a holomemória, a fixação parapsíquica e os acertos grupocármicos desta autora.

Síntese. As informações trazidas a partir dos experimentos narrados indicam que a conscin de qualquer idade pode acessar, na holomemória do paracérebro, informações relevantes para sua autopesquisa, recin e autoevolução.

Relatos. As duas experiências relatadas tratam de eventos de Claridência Viajora e Projeção Retrocognitiva:

1. Clarividência Viajora

Clarividência. Clarividência viajora é a projeção parcial das parapercepções visuais da consciência, a distância do corpo humano, simultaneamente com a descrição oral, "ao vivo", pelo (a) projetor(a), dos eventos extrafísicos entrevistos ou presenciados, inclusive da psicosfera de consciexes (VIEIRA, 1999).

Amparadores. Algumas vezes, os amparadores proporcionam clarividências viajoras à conscin, para colaborar com sua autopesquisa e esclarecer dúvidas. Após seis meses de registros do fenômeno vivenciado por esta autora, ao modo de *flashes* retrocognitivos, sempre em contextos de belicismo, a projeção consciente poderia acontecer.

As cenas vistas através de clarividência viajora mostravam pessoas no momento da dessoma, crianças e adultos em um "Forte de Guerra"; multidões aglomeradas; militares desfilando; chineses ou japoneses; armas (espingardas); canhões bem primários, etc. Após acumular esses registros, foi possível montar o quebra-cabeça do passado pessoal belicista. Os amparadores perceberam a maturidade consciencial já adquirida e proporcionaram a projeção lúcida retrocognitiva, que aconteceu após a montagem (por meio das clarividências) das peças do quebra-cabeça retrocognitivo.

2. Projeção Retrocognitiva

Retrocognição. Faculdade perceptiva por intermédio da qual a consciência intrafísica, plenamente projetada do corpo humano, fica conhecendo fatos, cenas, formas, objetos, sucessos e vivências pertencentes ao tempo passado distante.

A experiência ocorreu no dia 24/08/2009. Após a técnica da tenepes, às 23h, estava em estado de harmonia e adormeci. Houve o despertamento pleno numa cidade em que o ambiente era totalmente de guerra. Um pouco escondida na multidão extrafísica, eu assistia a um desfile de militares imponentes, com uniformes típicos de apresentação, todos de cor bege. Minha fisionomia era bem diferente da que tenho hoje: era baixa, bem morena, cabelos curtos e olhos amendoados, tipo povo tailandês. As consciências mostravam medo, tensão e ansiedade em suas fisionomias. Durante esse desfile militar, meu marido desta atual vida intrafísica passou por mim. Eu o olhei com lucidez e nossos olhares se cruzaram, mas a sensação foi de medo, incertezas e ódio.

Em seguida, estávamos já em um "Forte" e a tropa militar (do desfile) tentava invadir esse Forte. Cheguei escondida, desci de um cavalo e o tiroteio já havia iniciado. Corri em direção a várias crianças que lá se encontravam, procurando protegê-las. Peguei uma arma e, juntamente com outras consciências, atirávamos sem parar. Percebemos que era impossível ganhar essa batalha contra um exército tão poderoso. Deixei a arma e fui proteger as crianças, que estavam assustadas. Usei o meu corpo para essa proteção e, neste momento, fui baleada nas costas, sentindo a dor da morte física nesta retrocognição. A dessoma ocorreu ali mesmo, abraçada às crianças. Voltei ao corpo e vi que o relógio marcava 4 horas da manhã. Em segundos, as rememorações vieram em bloco e fiz os registros. Após pesquisa sobre a Tailândia, entendi que os amparadores me proporcionaram uma retrocognição na Tailândia, século XVIII, ao montar o quebra-cabeça de várias clarividências viajoras sobre o tema "belicismo".

Projeciocrítica. Ainda nesta vida, já percebia traços pessoais belicistas, como: autoritarismo, liderança de politicagem (diferente do "ser político"), participação em greves e movimentos políticos. Minha formação é História, o que influenciava tais aspectos.

Belicismo. Quando vivenciei o golpe de 1964, sentia revolta íntima por militares.

Efeitos. Após estudos e experimentações projetivas, passei a entender que somos resultados de nossas ações, cidadãos do cosmos, apátridas.

Traços. Desde essa experiência, não me interessei mais por politicagem e procurei desconstruir os traços belicistas.

Retratações. O militar com quem troquei olhar de desprezo é o meu marido desta vida e é possível perceber que as retratações e reconciliações estão acontecendo.

Cosmos. Hoje, como ser político e cidadã do Cosmos, estudo o belicismo para encontrar a paz, o pacifismo universalista.

Dessomatologia. A Dessomatologia é a especialidade da Conscienciologia aplicada aos estudos dos contextos físicos da dessoma (morte biológica, descarte do soma), dos contextos conscienciais, psicológicos, sociais, médico-legais e multidimensionais relacionados com a desativação do soma, bem como a segunda e a terceira dessoma e suas respectivas consequências evolutivas.

Tipos de dessoma:

1. **Primeira dessoma.** A dessoma propriamente dita, primeira dessoma ou desativação do corpo físico.

2. **Segunda dessoma.** É a desativação do energossoma ou holochacra.

3. **Terceira dessoma.** É a desativação do psicossoma ou corpo emocional, a partir da qual surge a Consciência Livre.

Pensenologia. A pensenização própria da transição da dessoma constitui o materpensene da dessomática.

Lúcida. O bem-estar proporcionado à consciência ao estudar sobre a morte traz lucidez e faz com que a palavra "morte" passe a ter um significado completamente diferente. Associada à perda ao longo da história, a palavra "morte" pesa e, em geral, possui significado negativo.

Desapego. Compreender a dessoma como mera desativação do soma indica desapego, pois enxergar a vida de verdade é admitir a extrafisicalidade. Contudo, o apego à vida intrafísica é tamanho que a maior parte das conscins foge do assunto.

Dessoma. Cada morte ou descarte do corpo biológico é uma espécie de nascimento da consciência em outro modo mais evoluído de existência, em outra dimensão.

Domínio. Se uma consciência domina o processo da dessoma, que, em tese, é o maior medo da humanidade, certamente estará apta a uma traquilidade íntima e, assim, poderá encarar a evolução com mais harmonia.

Realidades. Eis 4 fatos a serem admitidos pela consciência lúcida interessada na autoevolução:

1. **Certeza.** Ser a morte a única certeza que os seres humanos têm na vida.

2. **Patologia.** Ser a morte um dos maiores medos da humanidade (Tanatofobia).

3. **Parapatologia.** Ser a parapsicose pós-dessomática a maior parapatologia que pode acontecer à consciência que, por falta de conhecimento da Dessomatologia, considera estar ainda nesta dimensão intrafísica mesmo após a própria morte.

4. **Paradireito.** Ser a teática do Paradireito a abordagem mais Cosmoética ao pós-dessomado, uma vez que todos se tornam cidadãos do Cosmos após a dessoma.

Evolução. O Paradireito vai além da Cosmoética, pois, a partir da pós-dessoma, a consciência tem o direito multidimensional (Paradireito) de seguir sua própria evolução e decidir o seu destino. Portanto a consciência amplia o seu libre-arbítrio a partir do Paradireito (VIEIRA, 2005).

Ciência. A Conscienciologia é a ciência que propôs a teática do Paradireito ao dessomado, cidadão do Cosmos.

Projetor. Projetor lúcido pré-dessomante é a conscin na terceira e quarta idade desenvolta e veterana em relação à saída temporária para fora do corpo humano, que usufrui de conhecimentos e paraconhecimentos e, assim, otimiza a dessoma lúcida.

Fatologia. Eis, 10 reflexões sobre a hipótese da conscin projetora pré-dessomante:

01. A disponibilidade projetiva bem intencionada do pré-dessomante na terceira e quarta idade.

02. O planejamento da longevidade pessoal desde a adolescência.

03. A reeducação dos gerontes para o aproveitamento do cérebro-paracérebro.

04. A liderança do idoso pré-dessomante.

05. O projetor lúcido que carrega consigo a riqueza intraconsciencial.

06. A velhice como conquista íntima contra o tempo.

07. A desdramatização da idade.

08. A não vinculação do alcance do êxito evolutivo ao fato de a conscin ser idosa ou ser jovem.

09. O abertismo consciencial da conscin desde o berço até o crematório.

10. A teática pacifista do (a) projetor (a) pré-dessomante.

Parafatologia. Eis, 6 reflexões sobre as vivências parapsíquicas multidimensionais da conscin projetora pré-dessomante:

1. A vivência do estado vibracional (EV) profilático como estratégia para a sustentabilidade projetiva.

2. O parabanho energético como gratificação ao projetor pré-dessomático em trabalhos assistenciais.

3. A aquisição de saberes multidimensionais na terceira e quarta idade.

4. A atuação ombro a ombro do amparador técnico em projetabilidade com a conscin projetada.

5. O Paradireito pós-dessomático.

6. O holopensene sem fronteiras no Cosmos do projetor atilado pré-dessomante.

Estudo. A dessoma pode acontecer em qualquer faixa etária, portanto, é inteligente *estudar a morte,* você vai sair vivo dela, pois a consciência não morre.

Proposta. A proposta da Dessomatologia é a utilização da autopesquisa para esclarecer e erradicar medos, tabus e mitos seculares sobre o processo da morte.

Liderança. No Século XIX, Zéfiro liderou *equipex paratécnica em Dessomática.*

Zéfiro. A tarefa prioritária do grupo era o preparo de conscins para a dessoma próxima e, posteriormente, o acolhimento e encaminhamento delas nos ambientes extrafísicos, bem como o auxílio na recuperação da lucidez por meio de esclarecimentos pontuais (TELES, 2014, p. 100).

Tanatofobia. A morte, um dos maiores medos da humanidade, é, paradoxalmente, a maior certeza da existência humana, talvez a única. O desconhecimento da realidade consciencial pela maioria das pessoas é a maior causa da parapsicose pós-dessomática, pois falta a essas consciências o esclarecimento, a teática e o *Princípio da Descrença*, base da Autopesquisologia e da Interassistenciologia.

Lucidez. Por outro lado, a consciência com o paracérebro enriquecido, após a vivência de uma longevidade evolutiva, pode preparar-se para a próxima vida humana, ainda na intermissão, por meio do Curso Intermissivo (CI).

Curso Intermissivo

Oportunidade. O Curso Intermissivo é uma oportunidade durante o período da intermissão, dentro do *ciclo de existências humanas pessoais,* objetivando o completismo consciencial da programação existencial, na próxima vida intrafísica.

Adequação. É uma ocasião adequada que pode ocorrer a mudança decisiva da antiga paraprocedência da consciex, por intermédio da frequência lúcida e voluntária aos *Cursos Intermissivos pré--ressomáticos.*

Ambientes. Nos ambientes dos Cursos Intermissivos, devido à recuperação de *cons* e à expansão da lucidez, a consciência pode analisar a autopensenidade, e a partir disso, promover uma autorreciclagem intraconsciencial com efeitos qualificantes das autorrecins intermissivas na consecução da própria proéxis.

Morte. A morte biológica pode oportunizar um período rico em novas experiências para o geronte, projetor lúcido.

Casuística. O tema "Ensaio Dessomático Projetivo" é vivência teática desta autora, que ensaia sua própria e próxima dessoma por meio da projetabilidade lúcida.

Ensaio Dessomático Projetivo

Ensaio. O ensaio dessomático projetivo é o exercício ou treino da conscin lúcida de vivenciar momentos nos quais se encontra projetada do corpo humano, em outras dimensões, a fim de obter melhor entendimento e preparar-se para a própria dessoma nesta vida atual.

Dessoma. Ao experimentar teaticamente o ensaio dessomático projetivo, esta autora observou aspectos de lucidez extrafísica durante projeções conscientes em outras dimensões, o que tem proporcionado entendimento da vida após a morte e auxiliado a preparação para a própria dessoma.

Recursos. O ensaio dessomático projetivo vivenciado por esta autora ocorreu por intermédio de experiências projetivas acumuladas até o ano 2014, com ênfase nas projeções em série que ocorreram intensamente entre 1999 e 2000.

Seriadas. Projeções em série são experiências vividas pela conscin projetada do corpo humano por certo período de tempo, de maneira sequencial. Qualquer indivíduo inteligente, criativo, autossuficiente e determinado, consegue, pela força da vontade disciplinada, as projeções conscientes em série.

Tipos. As projeções em série podem ser diárias ou alternadas. No caso desta autora, aconteceram de três em três dias.

Afinidade. A sequência de projeções possibilita maior afinidade com amparadores técnicos em projeção consciente, ajudam a estimular a autopesquisa e o autoconhecimento e enriquecem a bagagem paracerebral.

Evidências. O objetivo deste relato é evidenciar as experimentações extrafísicas de modo científico, através de informações obtidas na autopesquisa realizada pela autora.

Autopesquisa. A divulgação da autopesquisa busca incentivar as conscins a investir em técnicas projetivas, com a intenção de obter a Autoconscientização Multidimensional, gravá-la no paracérebro (fixação parapsíquica) e exercitar a interassistencialidade, meta maior do pré-intermissivista.

EV. O estado vibracional profilático, com a dinamização máxima das energias do energossoma, colabora com a soltura dos veículos e com a descoincidência vígil, porta aberta à decolagem do paracérebro do psicossoma ou mentalsoma.

Soltura. A conscin com soltura holochacral sai da condição de prisioneira de vida trancada e inicia a autopesquisa dessomática.

Aprendiz. O ensaio dessomático projetivo, com ou sem projeções em série, possibilita à conscin vivenciar, investigar e utilizar a projetabilidade lúcida para se tornar experimentadora da minimorte biológica, superando medos e dramatizações em relação à dessoma inevitável. É o ensaio da condição de *estar consciex sendo conscin* e, dessa forma, tornar-se aprendiz da dessoma.

Convencional. A ciência convencional cogita a explicação da projeção consciente a partir da teoria da morte biológica ou projeção final, mas essa suposição não explica as ocorrências vivenciadas por projetores(as) veteranos(as).

Hipótese. A teoria da morte biológica ou projeção final é uma hipótese insuficiente e limitada, pois não considera a pesquisa das próprias energias e a vivência prática dos fenômenos inerentes à experiência da projeção.

Tema. O presente tópico trata do estudo, da observação e dos registros parapsíquicos de projeções lúcidas em série vivenciadas pela autora, teática da reconstrução contínua desta consciência em evolução.

Paraprocedência. Investigar e utilizar a projetabilidade lúcida para se tornar experimentador da minimorte biológica qualifica a habilidade de sair do corpo físico com o objetivo de ensaiar a próxima dessoma e, assim, identificar a paraprocedência pós-dessoma.

Medo. A partir do ensaio dessomático projetivo, o medo da morte é desconstruído, a tanatofobia é paulatinamente eliminada. A hiperacuidade adquirida e a compreensão dessomática desmistificam e desdramatizam a morte, tema que ainda é tabu para a maioria das conscins.

Gratificação. Durante o ensaio dessomático projetivo, ocorre a gratificação *in loco* pelo entendimento de que a imortalidade é incontestável, pois fica claro que a dessoma acontece apenas biologicamente. Quando a conscin projetada observa o próprio corpo, suas prioridades existenciais mudam e surge o conforto do entendimento multidimensional.

Projetabilidade. Por isso, a projeção lúcida rememorada é ferramenta evolutiva no contexto intrafísico e possibilita a eliminação do medo da morte. Por intermédio dela, as conscins portadoras de tanatofobia iniciam o processo de desmistificação da dessoma.

Retrocognição. As projeções conscientes também podem proporcionar retrocognições extrafísicas, que constituem provas definitivas da própria seriéxis.

Habilidades. As habilidades experimentadas e adquiridas em várias vidas trazem assimilações ao paracérebro que enriquece.

Clareza. A clareza mentalsomática é elemento eficaz multidimensional no ensaio dessomático projetivo, pois corrobora com a reestruturação de ideias ultrapassadas sobre a dessoma.

Efeitos. O efeito positivo do ensaio dessomático projetivo é a desconstrução das imaturidades e a reconstrução de neoideias sobre a dessoma, mediante a atualização do desatualizado e da conclusão de que a consciência não morre, apenas descarta o corpo físico.

Encontros. No ensaio dessomático projetivo, podem acontecer encontros com consciexes afins e o descortínio da conviviologia sadia (Seriexologia).

Cosmovisão. A cosmovisão adquirida nos ensaios projetivos dessomáticos é perceptível na experimentação da convivialidade fraterna entre conscin e consciex, que possibilita o entendimento dos fatos e parafatos e a atuação dos amparadores em favor dos dessomantes.

Holopensenes. O projetor-pesquisador lúcido e a projetora-pesquisadora lúcida destacam-se a partir da apresentação e aquisição da benignopensenidade, que promove a harmonia entre os holopensenes multidimensionais.

Volitação. O ato de volitar constitui momento extrafísico prazeroso, quando a conscin elimina os medos existentes e adquire maior lucidez. Nesse momento, a Recéxis e a Recin já fazem parte do cotidiano da consciência em evolução.

Lucidez. A abertura para os horizontes de outra vida mais ampla e rica, a certeza pessoal e a harmonia íntima adquirida levam a conscin projetora à vivência momentânea da condição de consciex lúcida. O descortino da *convivialidade universalista* elimina gradualmente a necessidade de ressoma periódica da consciex.

Fatologia. Nos estudos projetivos da autora, obtidos durante o ensaio dessomático, foram registradas 13 observações fenomênicas, listadas a seguir:

01. O ensaio dessomático projetivo.

02. A habilidade de sair do corpo físico ao ensaiar a próxima dessoma.

03. A aprendizagem projetiva que evidencia a paraprocedência pós-dessoma (baratrosfera ou dimensão extrafísica propriamente dita).

04. O destemor da morte.

05. A eliminação da tanatofobia após o ensaio projetivo.

06. A hiperacuidade da compreensão dessomática.

07. A desmistificação da morte.

08. A higiene consciencial que colabora para o ensaio projetivo dessomático.

09. A cosmovisão adquirida nos ensaios projetivos.

10. A convivialidade fraterna entre conscin e consciex.

11. A identificação de eventos retrocognitivos mediante a sondagem, durante a experiência projetiva, de experiências gravadas no paracérebro no momento da dessoma.

12. O entendimento da realidade de fatos e parafatos dos pré-intermissivistas, na qual as consciências amparadoras atuam a favor das consciências dessomantes.

13. A retomada da proéxis com a reeducação pessoal pós-ensaio dessomático.

Parafatologia. Eis, a seguir, 18 observações parafenomênicas percebidas pela autora durante o ensaio dessomático projetivo:

01. A autovivência do estado vibracional (EV) profilático.

02. A gratificação pela constatação *in loco* da imortalidade.

03. A projeção lúcida autopersuasiva em relação ao fato de a dessoma acontecer apenas biologicamente.

04. A decolagem transitória do psicossoma ou mentalsoma em busca de esclarecimento sobre a dessoma.

05. A importância do mapeamento da sinalética energética parapsíquica pessoal.

06. A autobilocação (ato de a conscin projetada observar o próprio corpo humano) como razão incontestável para motivar a revisão positiva das prioridades existenciais.

07. A soltura holochacral da consciência prisioneira da vida trancada ao iniciar a autopesquisa dessomática.

08. O conforto trazido pelo entendimento multidimensional a partir do ensaio dessomático.

09. A volitação prazerosa que elimina o medo da dessoma.

10. O estado de lucidez maior conquistado no ensaio dessomático projetivo.

11. A abertura dos horizontes de outra vida mais ampla e rica.

12. As visitas da conscin projetada à paraprocedência, o que amplia sua certeza íntima.

13. Os encontros com consciexes afins durante o ensaio dessomático.

14. A harmonia adquirida a partir da vivência momentânea como consciex lúcida.

15. O descortínio da Conviviologia Universalista.

16. A eliminação gradual da necessidade de ressoma periódica da consciex.

17. As retrocognições extrafísicas como provas definitivas da própria seriéxis.

18. A autoconscientização multidimensional (AM) obtida a partir do ensaio dessomático.

Fixação Parapsíquica

Fixação. A fixação parapsíquica é a condição evoluída que permite à conscin lúcida reter ou apreender as ocorrências do autoparapsiquismo na holomemória ou no paracérebro a fim de utilizá-las de modo racional, interassistencial e Cosmoético no autorrevezamento multiexistencial.

Consolidação. A fixação parapsíquica pode ser desenvolvida em um crescendo, através das experimentações intra e extrafísicas. Constitui a mola propulsora das reciclagens, por permitir a consolidação das mudanças paracerebrais ao longo da seriéxis e, assim, favorecer as condições para a realização de gescons assistenciais.

Registros. É essencial o registro imediato das percepções e parapercepções vivenciadas, a fim de compor o banco de dados multidimensional pessoal e, posteriormente, partir para a análise dos registros, que exige periodicidade, continuidade, paciência e lucidez mentalsomática para acumular informações antes de tirar conclusões.

Essência. No ato de registrar experiências, é importante perguntar-se: "Qual a *essência* dos conteúdos e informações parapsíquicas obtidas? Qual *a utilidade e qualidade* destas informações para a evolução da consciência?".

Autoconfiança. A autoconfiança pessoal é ampliada a partir das autoconfirmações projetivas e do desenvolvimento da hiperacuidade consciencial, que leva a conscin a identificar o essencial e, assim, dar início à renovação de vida e a recins constantes, o que promove o rearranjo neuronal do cérebro e a formação de novas parassinapses no paracérebro.

Estratégia. A valorização do cérebro e do paracérebro como estratégia evolutiva reforça a autoestima intelectiva e favorece a superação de limitações de diversos tipos, mas isso não acontece de um momento para outro, exige priorização, esforço, disciplina e foco para manter-se no holopensene da interassistencialidade multidimensional pró-evolutiva.

Autorganização. Para que seja possível priorizar a alavancagem da autoevolução, a organização holossomática é um dos passos a priorizar e adquirir.

Responsabilidade. Assim como a auto-organização, também a autorresponsabilidade na mudança de traf*a*res e na aquisição de traços faltantes, a partir de autopesquisas e reciclagens, atua como elemento fixador das autoexperimentações.

Descoincidência. O domínio da descoincidência vígil ou soltura dos veículos de manifestação da consciência na vigília física ordinária proporciona maior interação com a multidimensionalidade.

Relaxamento. O relaxamento psicofisiológico obtido a partir da aplicação da técnica do estado vibracional proporciona uma descoincidência maior e outros fenômenos parapsíquicos, tais como clarividências em geral, entrevisão de dimensões conscienciais, fatos ou parafatos esclarecedores.

Mentalsomático. O parapsiquismo lúcido atuante, aqui pesquisado, é reflexo do parapsiquismo intermissivo. É o parapsiquismo tarístico, que funciona 24 horas por dia e permite o conhecimento experimentado da paraprocedência, além de trazer informações importantes, tais como: de onde a consciência veio e para onde vai retornar.

Autoconsciencialidade. Nesse ponto, já é possível alcançar um bom nível de autoconsciencialidade, que é a vivência teática da interassistencialidade proporcionada pelas parapercepções, meta maior assumida no curso intermissivo pré-ressomático. A consciência autoconsciente sabe usar a automegaeuforização doadora na teática, a fim de obter a homeostase holossomática e, assim, poder exteriorizar suas melhores energias e fertilizar o Cosmos.

Fragmentos. Na interação multidimensional, as consciências podem acoplar-se umas as outras devido à afinidade pensênica. Em muitos acoplamentos energéticos, pode-se sentir o desconforto alheio, bem como ideias, sensações sutis ou fragmentos de acontecimentos às vezes incompletos, o que torna necessário o domínio parapsíquico da conscin, para que consiga discriminar seus próprios pensenes dos alheios. A identificação e a análise das repercussões holossomáticas percebidas diante de experiências multidimensionais possibilitam o aprofundamento da autopesquisa, o que pode levar às retrocognições.

Extrapolacionismo. Esta autora já vivenciou o extrapolacionismo, registrado em várias experimentações projetivas ou parapercepções sentidas.

Sinalética. A constante e atenta interação com a multidimensionalidade possibilita o mapeamento da sinalética energética parapsíquica pessoal (SEPP), que é a identificação e o emprego autoconsciente de sinais energéticos personalíssimos. Toda consciência possui SEPP em forma de sensações características.

Parapercepção. A parapercepção ou descoberta da sinalética requer vontade, perseverança e observação constante.

Decodificação. Para identificar a SEPP, a conscin deve mapear e decodificar sinais parapsíquicos peculiares, registrar e analisar: qual o sinal percebido, quando, onde, em qual ocasião, quem eram as consciências envolvidas, qual o significado das sensações ocorridas, dentre outros. As observações e autopesquisas devem ser feitas por, no mínimo, um ano ou mais, para que seja possível entender a sinalética energética parapsíquica pessoal (SEPP) e certificar-se do seu significado.

Efeitos. Eis, por exemplo, 5 efeitos fixadores das experiências parapsíquicas no paracérebro das consciências:

1. **Parabanho energético:** principalmente após as projeções lúcidas, os quais confirmam a projeção e colaboram com a rememoração em bloco.

2. **Assepsia energética.**

3. **Blindagem energética:** em toda a casa, principalmente na base física do tenepessista, futura ofiex.

4. **Reciclagens intraconscienciais.**

5. **Captação de ideias originais.**

Exemplologia. O emprego autoconsciente da sinalética energética parapsíquica pessoal autocomprovada, decodificada e registrada favorece a fixação parapsíquica.

Atributos. Eis, por exemplo, 10 atributos mentaissomáticos (paracérebro) fixadores do parapsiquismo:

01. **Associação de ideias:** as elucubrações saudáveis a respeito do autoparapsiquismo.

02. **Autoconcentração mental:** a atenção fixa nos parafenômenos.

03. **Autodiscernimento:** a priorização parapsíquica.

04. **Autojuízo crítico:** a auto e heterocrítica quanto às manifestações parapsíquicas.

05. **Imaginação:** as faculdades cognitivas na apreensão dos parafenômenos.

06. **Intelecção:** a compreensão e a conceituação dos autoparafenômenos.

07. **Mnemossomática:** a preservação da memória cerebral a fim de fixar melhor o autoparapsiquismo na holomemória.

08. **Paraimaginação:** as ideias inatas a respeito das manifestações parapsíquicas.

09. **Parapercepção:** a identificação e classificação dos parafenômenos a partir dos registros diários.

10. **Retilinearidade pensênica:** a qualificação da autopensenidade quanto às próprias vivências.

Autorrevezamento Multiexistencial

Relação. A fixação parapsíquica paracerebral favorece o autorrevezamento multiexistencial.

Revezamento. Autorrevezamento multiexistencial é o ato, processo ou efeito de a consciência lúcida revezar-se com inteira autoconsciência no desenvolvimento ininterrupto dos empreendimentos evolutivos, avançados e intencionalmente entrosados, ao máximo, entre séries de intermissões pré-ressomáticas e pós-ressomáticas e as vidas intrafísicas, consecutivas, continuadas, multisseculares (VIEIRA, 2014).

Autocompromisso. A fixação parapsíquica aumenta as chances de que a consciência tenha acesso às experiências acumuladas ao longo de sua seriéxis e possa prosseguir, lucidamente, a execução de projetos evolutivos pessoais, de modo alternante e contínuo, de uma vida para a outra. Assim, a consciência torna-se minipeça no Maximecanismo Multidimensional Interassistencial, a exemplo, da prática da Tenepes avançada e do parapsiquismo útil. Além disso, projeções retrocognitivas podem ocorrer, como consequência e confirmação do autorrevezamento interassistencial.

Senhas. Um exemplo de possível autorrevezamento multiexistencial é a conscin autora optar pela escrita de gescons, tais como verbetes, artigos e livros de temática conscienciológica, a fim de funcionar como senhas autorretrocognitivas nas próximas vidas. A produção de gescons pode estar associada ao extrapolacionismo parapsíquico, patrocinado pelas consciências amparadoras interessadas na evolução do intermissivista.

Priorização. Em qualquer idade, a conscin pode começar a planejar sua próxima vida, a partir da valorização de aprendizagens e atividades ligadas à sua especialidade evolutiva interassistencial. Entretanto, as conscins gerontes interessadas no autorrevezamento multiexistencial devem priorizar estudos e práticas que, através da fixação parapsíquica, possam contribuir para essa conquista evolutiva.

4. Paracérebro e Renovação Pessoal

Renovação. A renovação pessoal é o ato de tornar-se novo, revigorar-se, atualizar-se, refazer-se, modificar para melhor e aprimorar-se.

Reciclagem. A reciclagem íntima é o ato ou efeito de recuperar, melhorar, aperfeiçoar ou atualizar algo em si. É o recomeço evolutivo.

Microuniverso. Sob o enfoque do paradigma consciencial, a consciência é o único agente transformador, renovador de si mesmo, mediante esforços e uso da vontade. O movimento renovador inicia-se no íntimo do microuniverso consciencial.

Recin. A reciclagem intraconsciencial (recin) é a renovação cerebral, no caso da conscin, mediante a criação de novas sinapses ou conexões interneuroniais capazes de viabilizar o ajuste da proéxis, a execução da recéxis, a invéxis e a aquisição de ideias de ponta (VIEIRA, 2003).

Esforço. A reciclagem intraconsciencial positiva é contínua, exige preparo e esforço da autorrenovação.

Emocional. A dificuldade maior das recins está no veículo das emoções (psicossoma) de cada consciência.

Automimese. As reciclagens intraconscienciais são rupturas das automimeses ou repetições desnecessárias de ações e atitudes imaturas.

Marasmo. Se a sua vida está um marasmo ou parada, sem ações, pesquise, pois algo está errado em sua recin.

Recéxis. A reciclagem intraconsciencial leva à *reciclagem existencial – recéxis,* que é a reciclagem de vida ou renovação para melhor. A recéxis é extraexistencial, assunto a ser tratado com muita seriedade.

Reeducação. A autorreeducação deve ser holossomática e incluir a reeducação consciencial por intermédio de renovações paracerebrais, intelectuais, temperamentais, de condutas e ações.

Reciclologia. Na recéxis, o temperamento é considerado como sendo o último traço-fardo a ser reciclado.

Consciencialidade. Vale a pena a conscin estudar a si mesma, a fim de ampliar o autoconhecimento e identificar as lacunas intraconscienciais, com vistas à aquisição dos traços faltantes (trafais) para recompor a consciencialidade integral.

Gradual. As renovações para melhorar ou fazer a "virada de mesa" ocorrem gradualmente.

Renovar-recomeçar-reconstruir é evoluir.

Autopesquisa. Princípio básico da reciclagem existencial é a autopesquisa, o autoconhecimento obtido pelas ferramentas da projeção lúcida e de um parapsiquismo útil, a autoinvestigação holossomática e multidimensional, com objetivos pró-evolutivos.

Descoberta. Para esta autora, *recin* foi descobrir quem sou eu, o que é a base de tudo, pois trouxe esclarecimento a meu respeito, *modificação* de meu ânimo, autoconfinaça para as tomadas de decisões e a retomada de minha programação de vida.

Oportunidades. Eis 18 oportunidades evolutivas de reciclagens que as experimentações cosmoéticas oferecem ao cérebro e ao paracérebro:

01. **Interação**: entre o mundo físico e o não físico sendo ferramenta evolutiva e de autopesquisa constante.

02. **Expansão:** da lucidez e evolução enquanto consciência.

03. **Evidências**: pessoais irrefutáveis de vida após a morte biológica (autobilocação).

04. **Acesso**: a vidas passadas e busca pela resolução de conflitos interconscienciais.

05. **Auto-organização.**

06. **Reeducação emocional.**

07. **Autocontrole energético.**

08. **Assistência**: à Humanidade e à Para-humanidade.

09. **Ampliação:** do autoconhecimento e aceleração do processo de amadurecimento pessoal.

10. **Superação**: total do medo da morte a partir da prática da projeção lúcida e consciente.

11. **Reencontro:** com parentes e pessoas amigas que já passaram pela morte biológica.

12. **Captação**: de ideias originais.

13. **Substituição**: das crenças em geral pelo conhecimento direto multidimensional.

14. **Desassédio** mentalsomático.

15. **Bom humor.**

16. **Motivação:** coragem diária.

17. **Cérebro e paracérebro:** dicionarizados.

18. **Anticonflituosidade pessoal.**

Tempo. A consciência geronte, ao perceber a passagem rápida do tempo intrafísico e a impossibilidade de recuperação desse tempo, das oportunidades e das energias conscienciais desperdiçadas, pode sentir uma reação evolutiva, a partir da qual começa a identificar os *travões* impeditivos, contrários à consecução da programação existencial (proéxis).

Engajamento. Com o passar dos anos, a conscin pode vir a se engajar em uma *renovação de vida,* optar por novas escolhas, pelo abertismo às neoideias, pela eliminação dos excessos, do consumismo, dos preconceitos e idiotismos culturais. Assim, com o tempo, os conflitos íntimos e externos podem ser superados.

Maturidade. À medida que adquirem maturidade, os atributos paracerebrais passam a atuar de maneira intensa e, assim, consolidam e ampliam conhecimentos necessários às recins diárias.

Cosmoética. Com a renovação íntima, pode-se almejar mais e melhores resultados nesta oportunidade seriexológica, bem como tornar-se melhor a cada dia e ainda contribuir na proéxis grupal, sempre com a valorização da Cosmoética e da dignidade humana.

Abertismo. As recins contribuem para ampliar o abertismo consciencial interassistencial.

Reconstrução. A mudança cognitiva é o processo de alterar e reverter padrões sinápticos mentais negativos, o que envolve mudanças de paradigmas, ou seja, mudanças dos modelos que utilizamos para perceber o mundo e agir sobre ele.

Ferramentas. Ademais, dominar as ferramentas parapsíquicas e projetivas é fundamental para viabilizar as recins.

Estresse. Uma forma de evitar ou amenizar o estresse causado pela pressão da recin (autocobrança e contrafluxos) é trabalhar estratégias eficazes para manter o equilíbrio emocional neste momento decisório e renovador, com o autoenfrentamento de crises. Quando esse enfrentamento gera desconforto holossomático, é preciso observar e identificar a sinalética parapsíquica energética pessoal.

Autoeficácia. Termômetro de recins consolidadas, a autoeficácia representa o autocontrole e a eficácia da consciência que consegue gerenciar o estresse e reunir forças para empreender mudanças necessárias, cerebrais e paracerebrais, na longevidade.

5. Gescon Evolutiva

Produção. A gestação consciencial evolutiva é a produção consciencial, progressiva ou dinâmica, da autevolução lúcida, quando a conscin jovem ou longeva busca realizações libertárias cosmoéticas, cumprindo as tarefas policármicas da própria programação existencial (proéxis) planejada adredemente no período intermissivo pré-ressomático (VIEIRA, 2010).

Gescon. A gescon promove o desassédio cerebral e paracerebral, qualifica a produtividade pessoal mediante o avanço mentalsomático, dinamiza a intelectualidade de jovens ou idosos e permite, assim, o autorrevezamento multiexistencial evolutivo.

Retrocognitor. A gescon também possui caráter retrocognitor, pois estimula o paracérebro a acessar a holomemória.

Avanço. Na meia-idade, a bagagem pré-ressomática, o avanço mentalsomático, a evitação dos redutores do autodiscernimento, a interassistencialidade proexista, os estudos e a leitura de livros técnicos são ações pró-longevidade lúcida. A leitura sadia é um recurso insubstituível na evolução das consciências longevas e na produção das gestações conscienciais.

Hábito. É importante desenvolver o hábito diário de leitura saudável, em busca da eficácia do aprendizado ao ler apreendendo o conteúdo, a partir da prática de anotações e do registro de dúvidas. Sem a leitura e a experimentação dos fatos é impossível uma gescon pesquisística.

Leitura. A leitura com potência energética é insubstituível para a evolução das consciências. Independentemente da idade, sem leitura não é possível educação e *sem educação não é possível a evolução consciencial.*

Fontes. Quando a conscin mantém disponíveis fontes diversificadas de obras, livros, léxicos e revistas para fins de (auto) pesquisa e faz da leitura um hábito proveitoso, as ideias afloram.

Contribuição. A gestação consciencial do indivíduo com bagagem qualificada e bom nível de maturidade acumulada através de múltiplas vidas vem colaborar devido ao extenso leque de atributos conscienciais desenvolvidos, os quais alavancam habilidades cognitivas do cérebro e do paracérebro.

Casuística. Este livro é um exemplo de uma gescon evolutiva da autora.

SEÇÃO IV

LONGEVIDADE EVOLUTIVA

LONGEVIDADE E SAÚDE SOMÁTICA

ca. A saúde física é a condição natural, estado de equi-
co ou a qualidade entre o organismo biológico e o ho-
pessoa com boa disposição e completo bem-estar ou
cia de adoecimento dos órgãos, sistemas anatômicos
do corpo humano (VIEIRA, 2010).

ecimento. Entender como funciona o processo do en-
o somático é fundamental para que as conscins possam
as que favoreçam o envelhecimento saudável e a melhor
e vida possível nessa fase da vida. O envelhecimento
le imensa importância, não só para a conscin, mas tam-
socin. Não se trata somente de viver mais, e sim, princi-
le viver melhor.

ias. A Hipótese da Entropia ou a Teoria da Exaustão
mais conhecidas teorias do envelhecimento menciona-
atura científica (COHEN, 1995). Tal hipótese afirma que
energia torna cada indivíduo menos disponível para agir
a ordem, sendo essa entropia ou desorganização causada
ste ou dano energético.

ustão. A pessoa envelhecida entra em exaustão de capaci-
ciência com o passar do tempo.

dutiva. Os efeitos da exaustão energética podem ser rever-
conscin continuar a trabalhar dentro de seus limites, pra-
cícios físicos, fizer *check-up* regularmente e instalar estado
nal, técnica que será explicada no próximo tópico.

gor. Atualmente, a velhice pode ser considerada a longa du-
uma vida significativa e vigorosa. Acabou-se o tempo em
elhecer significava *murchar*.

Utopia. A longevidade não é utopia. Seja qual for a idade, de-se começar a construir pilares para uma vida longa e sadia.

Alimentação. A alimentação mais saudável (quanto mais tural melhor) e a diminuição da quantidade de alimentos ingeri não significam subnutrir-se, mas sim evitar os excessos e, assim, c tribuir para o melhor funcionamento do soma e do metabolism

Dietas. Algumas dietas evitam o excesso de gordura, mas mentam a produção de radicais livres, que provocam a morte bilhões de neurônios. Dietas pobres em nutrientes descontrol a pressão arterial e também prejudicam as funções cognitivas, en outros problemas. O ideal é buscar a reeducação alimentar, atra do hábito de alimentar-se regularmente (sem grandes intervalos e tre as refeições), em pequenas quantidades, utilizar de um cardáp variado que ofereça todos os nutrientes necessários ao bom func namento do corpo, e evitar ao máximo os alimentos claramente n civos à saúde, tais como refrigerantes, guloseimas, alimentos pr cessados e *fast food* em geral.

Desidratação. À medida que o tempo passa, o corpo físic tende a desidratar-se. Mais ou menos 75% do corpo de um ser hu mano é composto por água. Porém, devido ao envelhecimento, ess número cai para 65% nos homens e 52% nas mulheres. A desidra tação favorece as rugas e a massa muscular enfraquece, o que torn a saúde vulnerável, daí a importância de se tomar no mínimo 2 litro de água diariamente e procurar outras fontes complementares d hidratação, tais como sucos naturais, chás e isotônicos, os quais for necem também diversos outros nutrientes importantes para o soma.

Exercícios. Também o excesso de exercícios físicos ou malha-ção pode prejudicar a saúde e até favorecer o envelhecimento mais rápido, como pode ser observado nos *maratonistas,* que comprovadamente tendem ao envelhecimento precoce (PÓVOA, 2001). O ideal é praticar atividades físicas moderadas e frequentes.

Benefícios. Cada vez mais pesquisas comprovam que a prática de exercícios físicos não fortalece apenas o coração e os músculos, mas também a capacidade mental em todas as idades. As crianças são favorecidas no desenvolvimento cognitivo, enquanto na terceira idade o declínio cognitivo é manifestado, mas todos podem desfrutar dos benefícios de exercícios escolhidos de acordo com sua faixa etária.

Informações. O hipocampo é a região mais estudada do córtex cerebral, onde os neurônios gravam as informações que ficam armazenadas na memória. Alterações plásticas são desencadeadas nas células neurais e as atividades físicas regulares aumentam a flexibilidade necessária às mudanças anatômicas. A fonte da juventude está no cérebro.

Demência. Entretanto nem sempre a atividade física afeta o desempenho cognitivo de jovens ou idosos dementes. "Existem cérebros que trabalham no limite", raramente podem ser acelerados. Nesse caso, o fortalecimento da saúde física e mental faz-se ainda mais necessário.

Treinos. Utilizar treinos corporais saudáveis em academias, com apoio profissional, pode trazer efeitos positivos sobre todo o holossoma.

Geronte. Uma pessoa idosa de 90 anos já perdeu 20% dos neurônios que possuía quando jovem. No entanto, novas células neurais surgem ininterruptamente no hipocampo – estima-se que apareçam milhões por dia. Durante toda a vida intrafísica e também ao envelhecer, o cérebro passa por inúmeras transformações.

Tranquilidade. A longevidade tranquila, com o uso dos trafores da resiliência, determinação e assistencialidade, é autossuficiência adquirida pela autora.

Técnicas. Nesta fase, o processo de autopesquisa, autoenfrentamento e reciclagens da autora é potencializado pelo uso de técnicas de autorreflexão, tais como a técnica "5 Horas de Reflexão" e a técnica "Mais 1 Ano de Vida", relacionadas na seção V.

Longeviver. É emocionalmente e fisicamente benéfico empreender o cérebro dicionarizado até em idades avançadas.

Lucidez. O *paracérebro-cérebro-soma* compõem a lucidez na longevidade e refletem a recomposição paracerebral, física e emocional nessa fase da megarresponsabilidade.

Interassistencialidade. A disciplina em busca da lucidez é atitude da conscin que prioriza a autoevolução. Este período intrafísico somente é evolutivamente importante se o(a) longevo(a) aplica seus conhecimentos com discernimento paracerebral na interassistencialidade multidimensional.

Velhice. Esta autopesquisa mostra que o *envelhecimento* **não é igual à velhice, é** um processo, desde que nascemos estamos em processo de *envelhecer*. Idade avançada é uma etapa da vida que faz parte dessa expressão.

Doença. Por isso, tratar o envelhecer como doença ou problema é desencadear uma aversão à ideia de tornar-se velho (a), o que representa uma atitude equivocada, já que o envelhecimento é um processo natural e contínuo.

Higiene. Buscar apenas a longevidade é contraproducente, pois o mais importante é viver bem, adaptar-se mais à própria condição física e executar a higiene consciencial.

Movimento. Para envelhecer bem, é preciso manter o corpo em movimento, fazer com que o corpo responda com vitalidade, afinal, não existe idade para parar.

Conhecer para longeviver.

Antienvelhecimento. A melhor paratécnica antienvelhecimento é a conscin autoconsciente trabalhar assistencialmente em holopensene ou campo energético instalado e mantido, se possível, permanentemente, para assistir dentro dos princípios conscienciais. Esta é *praemissum* prática, conscienciológica, a ser aplicada no universo da Gerontologia (VIEIRA, 2014).

Ideal. Os gerontes podem ter o cérebro maduro ou envelhecido e o que vai acontecer com o soma torna-se secundário. Porém, como já foi dito, a pessoa que envelhece sem enriquecer o paracérebro (mentalsoma) *não sabe envelhecer.* O ideal evolutivo é adaptar-se ao envelhecimento somático mediante a manutenção da autolucidez, o que exige autorganização e muita vontade consciencial.

Cognitivas. A conscin consegue manter as funções cognitivas ativas apesar do desgaste progressivo natural do cérebro pelo avançar da idade física, conquista obtida pela autodeterminação consciente através da dedicação à prevenção holossomática antecipada desde a juventude (NADER, 2013).

Ações. Pequenas e grandes ações diárias positivas e cosmoéticas arquitetam novas estruturas neurais, possibilitando a superação das limitações holossomáticas. Por isso é útil cooperar consigo mesmo na busca por sensações agradáveis, estimulantes e pró-evolutivas, visando ao completismo existencial.

Proéxis. O geronte proexista é a conscin pertencente à terceira idade biológica, com experiência de vida e a bagagem de conhecimentos conquistados, por meio de autoesforços, direcionado à consecução da programação existencial (proéxis) (RICHTER, 2017)

Geronte. Eis 4 atitudes que contribuem para que a conscin se torne um geronte proexista:

1. **Aplicação:** dos trafores no autodesempenho proexológico.

2. **Aproveitamento:** lúcido do tempo de vida intrafísica restantes.

3. **Autorresponsabilidade:** evolutiva da interassistencialidade.

4. **Utilização:** da fase da aposentadoria enquanto oportunidade de renovação existencial.

2. Longevidade e Saúde Energética

Energética. A saúde energética é a condição natural, estado de equilíbrio dinâmico ou a qualidade entre o organismo humano e o holopensene da pessoa com boa disposição e completo bem-estar quanto às energias. É a condição mais evoluída entre todas as modalidades de saúde da conscin (VIEIRA, 2010).

EC. A energia desequilibrada devido ao cultivo de patopensenes (pensenes doentios) é a causa de muitas doenças físicas, psíquicas e parapsíquicas. A energia consciencial é a ferramenta de que a consciência dispõe para se manifestar com sustentabilidade.

EV. O estado vibracional (EV) é a condição técnica de dinamização máxima das energias do energossoma através da impulsão da vontade. Sua prática leva a conscin à homeostase holossomática, promove a saúde cerebral e paracerebral e, por isso, constitui um fator imprescindível de proteção contra a demência e a senilidade.

Importância. O EV é um processo que ocorre entre você e as energias, produz efeitos benéficos às ideias, permitindo que você compreenda sua vida e a si mesmo. Além disso, abre as portas e as janelas para a projeção consciente e o parapsiquismo. Contribui para o domínio emocional, trazendo a serenidade e clareando as responsabilidades assumidas e necessárias nos contextos.

Exemplos. Experimente quando sentir um "fuzuê" nas ideias, instalar o EV e tentar perceber que o entendimento lúcido e as cognições se reavivam para a possível resolução do problema. É possível alcançar a condição de acalmia mental recorrendo a esta prática.

Anticonflituosidade. O uso do EV traz sustentabilidade energética, bem-estar somático e clareza paracerebral, por isso, é o primeiro passo para a conquista da anticonflituosidade e, consequentemente, da desperticidade.

Proéxis. Em relação à proéxis, na qual o desenvolvimento energético é prioritário e inadiável, o EV sempre é a entrada, o caminho para o compléxis.

SEPP. É também essencial para a identificação da sinalética energética parapsíquica pessoal (SEPP), condição fundamental para a realização da proéxis por decodificar sinais e trazer parâmetros que otimizam a convivência. Uma vez que toda programação existencial tem como meta a interassistencialidade, torna-se fundamental esta identificação.

Impedimentos. Os principais impedimentos à prática do EV são: preguiça mental, dispersão, desânimo, desatenção, bloqueio energético, carência afetiva, desmotivação, medo, vontade débil, dentre outros.

Utilidades. Eis, por exemplo, 11 utilidades das manobras energéticas:

01. **Autodefesa energética.**

02. **Equilíbrio dos veículos.**

03. **Flexibilidade do energossoma.**

04. **Perceptibilidade multidimensional.**

05. **Higienização consciencial.**

06. **Desbloqueio energético.**

07. **Desempenho projetivo e parapsíquico.**

08. **Auto e heteroassistência.**

09. **Auto e heterodesassédio.**

10. **Recuperação da saúde física e mental.**

11. **Confiança nas próprias energias.**

Autodomínio. Portanto é possível, através da vontade, a conscin equilibrar seu energossoma, tornando-o assistencial, obtendo a condição de estabilização do autodomínio energético, o que evita ou retarda o envelhecimento.

3. Longevidade e Saúde Emocional

Emocional. A saúde emocional é a condição natural, estado de equilíbrio dinâmico ou a qualidade entre o organismo humano e o holopensene da pessoa com boa disposição e completo bem-estar emotivo ou com ausência de doença afetiva (VIEIRA, 2010).

Manutenção. Desde a adolescência até a longevidade é possível buscar o equilíbrio das emoções e manutenção da saúde emocional, a partir de constante observação e se valendo da medicina preventiva.

Afetividade. A *afetividade* é um conjunto de fenômenos psíquicos capazes de se manifestar sob a forma de emoções, sentimentos e paixões, acompanhados quase sempre de dor ou prazer, de satisfação ou insatisfação, de agrado ou desagrado, de alegria ou tristeza, em situações do cotidiano. Ela é indispensável ao desenvolvimento natural da vida humana, que necessita de afeição, carinho e afabilidade, mas sem possessividade.

Interrelações. A afetividade sadia na terceira e quarta idade é o sentimento saudável de interesse mútuo entre consciências gerontes com maturidade consciencial, predispostas à vivência de relacionamentos produtivos e estáveis com base na interassistencialidade.

Megafraternidade. As conscins idosas podem ficar carentes, arredias e distantes do convívio familiar, mas sempre requerem atenção especial das pessoas de seu convívio e necessitam receber demonstrações de megafraternidade.

Gradativo. Os gerontes podem e devem aprender a agir com cordialidade e desenvolver gradativamente tal habilidade, com autodiscernimento e dedicação teática.

Autenticidade. Despojamento e autenticidade devem estar presentes nas manifestações afetivas das conscins de todas as idades.

Afinidade. A afinidade afetiva é amorosa e independe do sexo. Todos têm necessidade de auto e heteroconvivência.

Maxifraternidade. O ideal é manter um grau de afetividade universalista, dedicada a todos os seres.

Afabilidade. A afabilidade profunda pode ser agente retrocognitor, assim como as energias de conscins ou consciexes.

Priorizações. As energias conscienciais e manifestações afetivas universalistas devem ser priorizadas na convivência interconsciencial, em qualquer idade, mediante evitação do egocentrismo e do respeito à individualidade do outro.

Sinceridade. Quando a conscin analisa os motivos afetivos patológicos ou sadios que interferem nas suas manifestações, percebe que as motivações sadias auxiliam a melhoria da qualidade de vida e dos relacionamentos interpessoais.

Prolongamento. Entretanto é preciso entender que o prolongamento da vida **não** é uma questão isolada. A terceira e a quarta idade podem vir acompanhadas de pensenes pessimistas, inutilidades, apegos e conflitos internos.

Desmotivação. Conscins que sentem dificuldade de aceitar o novo, que não conseguem manter bons relacionamentos e que têm sua afetividade malresolvida durante quase toda a vida, provavelmente agravam tais condições ao reforçá-las constantemente no cérebro e no paracérebro através do tempo.

Patológicos. Por isso é importante que as pessoas responsáveis pelos gerontes estejam sempre atentas a eventuais manifestações de carência afetiva excessiva e patológica, para encaminhá-los a profissional especialista, se necessário.

Megapensenologia. *Elevemos a afetividade.*

Conviviologia. A Conviviologia é a especialidade da Conscienciologia que estuda a comunicabilidade consciencial no que diz respeito às dinâmicas das interrelações que se estabelecem entre as consciências em evolução holocármica; é um subcampo científico da Comunicologia (VIEIRA, 2007).

Convivialidade. A convivialidade é a qualidade consciencial relacionada ao convívio positivo e saudável com outras consciências, intra e extrafísicas, em contextos, situações e locais diversos, e pode envolver objetos e pensenes; é conviver bem com todas as consciências humanas e sub-humanas (VIEIRA, 2003).

Conscienciofilia. A conscienciofilia é a afinidade ou apreço pelas consciências em geral e o interesse no estudo delas a partir da abordagem multidimensional, em bases holossomáticas e cosmoéticas, o que pode ser estabelecido como meta existencial para toda conscin lúcida.

Interações. Ao considerar-se a influência significativa das companhias na consecução da proéxis pessoal e grupal, faz-se necessário o investimento na melhoria das interações, em todas as faixas etárias.

Fatores. Existem fatores intervenientes no sucesso ou fracasso das inter-relações, os quais podem transformá-las em relações assistenciais ou assediadoras, respectivamente. Entretanto é possível alterar uma relação doentia a partir de mudanças de atitude da conscin lúcida, interessada nas reconciliações profícuas e evolutivas.

Razão. Muitas vezes, as pessoas dificultam a harmonia das relações, principalmente em idade avançada, por querer ter razão e pela dificuldade em admitir os próprios erros.

Concessões. Há pessoas idosas que não abrem mão de qualquer das suas ideias, decisões, manias e vontades e, por isso, raramente fazem concessões, principalmente aos familiares.

Trafar. Os hábitos de não confiar em ninguém e de jamais ceder representam a postura de não conviver bem. Muitas pessoas carregam esse trafar desde a infância, reprimem-se do convívio in-terpessoal e correm o risco de entrar em depressão. Muitas vezes, não aceitam ser assistidas ou ajudadas, estão fechadas às neoideias, encaramujam-se dentro de si mesmas e levam uma vida parapsí-quica trancada.

Egocentrismo. Esse egocentrismo pode levar à autoexclusão--antirreciclagem de vida, o que muitas vezes dificulta o convívio sadio, principalmente na terceira e quarta idade.

Comunicação. Os erros de interpretação, as brincadeiras as-sediadas e assediantes, os ruídos na comunicação, as mentiras sociais, os apriorismos, são exemplos de comunicação ineficiente, que gera entropia nas relações interconscienciais em qualquer faixa etária.

Autopesquisa. Entretanto os(as) gerontes podem diminuir ou mesmo eliminar desentendimentos ao admitir suas limitações a partir do autoconhecimento. À medida que a conscin assume sua intraconsciencialidade e usa a lucidez para lidar com suas imaturi-dades, há a repercussão dessa postura nos grupos em que se mani-festa, o que favorece a dissipação dos desentendimentos.

Lista. Eis, por exemplo, 5 posturas a se observar durante o pro-cesso de autopesquisa na velhice:

1. **Desdramatização.** Ao perceber a própria dificuldade de mudança de posturas arraigadas, a conscin fica mais compreensiva com os processos alheios. Concretizar talentos na intraconsciencia-lidade pode demorar vidas. Esperar com paciência proativa as mu-danças se deflagrarem é atitude evolutiva ao cérebro e paracérebro.

2. **Empatia.** A exigência ou cobrança mútua geradora de desarmonia diminuem quando a consciência amplia a empatia em relação às limitações dos outros quando se percebe como consciência em evolução. A autoavaliação aumenta a autoaceitação e consequentemente a hetero-aceitação. A exigência de posturas que estão além da capacidade ou vontade da outra pessoa é traço impositivo, que representa a manifestação clara de consciências estagnadas em seu processo de autoritarismo.

3. **Respeito.** Ninguém evolui por ninguém e ninguém muda ninguém. O respeito ao livre-arbítrio possível no momento evolutivo das pessoas contribui para aumentar a heterocompreensão e diminuir as imposições geradoras de atritos.

4. **Multiexistencialidade**. As relações nas quais existem vínculos negativos advindos de outra existência podem apresentar constantes embates, até mesmo pela interferência de consciências extrafísicas envolvidas no processo.

5. **Responsabilidade.** Assumir para si a responsabilidade dos atritos permite atitudes proativas para solucioná-los. As pessoas tendem a atribuir aos outros a origem das divergências, não abrindo mão de sua opinião. Quando ocorre um desentendimento, houve a cooperação de pelo menos duas pessoas, mesmo que em percentuais diferentes.

Bom humor

Atributos. O bom humor, segundo a Conscienciologia, é um atributo psicossomático, sadio e positivo, ainda não descrito nos manuais da Psicologia e da Psiquiatria, talvez pelo fato de ser abordagem heterodoxa, isto é, não reconhecida pela ciência convencional.

Equilíbrio. O bom humor é, antes de tudo, a expressão de que a consciência pode estar holossomaticamente bem e equilibrada, embora essa ideia seja um paradoxo, pois uma pessoa pode ser bem-humorada e, ainda assim, ter desequilíbrios holossomáticos.

Otimismo. Tal traço varia de acordo com a personalidade da pessoa, mas, mesmo necessitando de uma combinação de ingredientes, a conquista do bom humor pode ser favorecida quando a consciência tem uma visão otimista dela mesma e do mundo multidimensional.

Euforia. É importante ressaltar que bom humor não é euforia desequilibrada. Nesta, não há harmonia, apenas instabilidade, fragilidade.

Serenidade. Bom humor é serenidade, calma pessoal, prazer por estar vivo(a), mesmo que envelhecido(a) pelo tempo.

Estável. A conscin na meia-idade que sabe manter o humor mais sereno é, em geral, mais assistencial do que uma pessoa de humor instável.

Autoconvívio. As pessoas idosas bem-humoradas são otimistas, gostam de si mesmas, conseguem sentir-se felizes mesmo quando estão sozinhas, irradiam felicidade mesmo com o cérebro envelhecido, esperam sempre o melhor e não o pior.

Trafor. Quanto maior o bem-estar e a paz pessoal, maior a possibilidade de que a conscin adquira o trafor do bom humor, que gera harmonia, satisfação íntima e alegria de viver.

Alegria. A alegria aumenta a capacidade da consciência de resistir a doenças, dores, tristezas e perdas necessárias.

Autoestima. Com a alegria em sua holosfera, a conscin tende a manter sua autoestima em nível elevado, o que favorece a aquisição de novas aptidões, fortalece ainda mais a autoestima e retroalimenta a alegria, num ciclo dinâmico e saudável.

Sorriso. O bom humor e a alegria caminham juntos com o sorriso. O sorriso suave e o olhar sincero enriquecem o cérebro e o paracérebro, pois demonstram abertismo e curiosidade, o que pode favorecer a libertação da consciência de suas megatolices. Sorrir para o Cosmos complementa a vida multidimensional.

Amabilidade. O sorriso sem ironia ou desdém é sinônimo de amabilidade e contentamento.

Sincero. O sorriso sincero é inconfundível, pois reflete o autodiscernimento originado no cérebro e no paracérebro.

Efeitos. O sorriso desencadeia efeitos positivos na convivialidade sadia e, assim, contribui para acelerar a evolução.

"O sorriso constrói" (VIEIRA, 2014).

Abraço. Unido ao bom humor e ao sorriso, o *abraço* completa a manifestação da afabilidade madura, desde que não haja intenção de vampirismo.

Revigorante. O abraço é o ato de a conscin envolver ou apertar o(a) outro(a) com os braços e concentrar suas melhores energias conscienciais, com fraternismo e intenção cosmoética.

Expectativa. Em qualquer faixa etária, a expectativa do aconchego, da receptividade, do aperto entre os braços de outrem é fortificante, pacificadora e interassistencial.

Consréus. O abraço acolhedor e afável também deve ser oferecido às consréus reurbanizadas e ressomadas.

Amparadores. Os amparadores utilizam os abraços e para-abraços como recurso durante reencontros e pararreencontros reconciliatórios e pararreconciliatórios.

Mau Humor

Variação. O humor pode variar da extrema tristeza (depressão) até a euforia. Ambas são condições doentias, que devem ser encaminhadas a especialistas.

Condição. A consciência mal-humorada costuma estar sempre angustiada, triste ou irritável, e pode sentir palpitação, arritmia cardíaca e dor de cabeça. É bom lembrar que qualquer consciência pode ter oscilações de humor ao longo da vida, principalmente quando não aceita as "perdas necessárias".

Mau humor. Em qualquer idade, embora mais acentuada nos gerontes, as alterações do humor geralmente revelam que as pessoas não estão bem consigo mesmas nem com as inter-relações vividas.

Situações. Sensações de autoculpa e/ou posturas agressivas podem ser desencadeadas por situações do cotidiano, o que gera expressões populares como "fazer tempestade em copo d'água".

Ociosidade. O mau humor é percebido nas posturas, ações e energias de muitos (as) gerontes, inativos (as) ou não, mas tomados por ranzinzice, nervosismo constante, pessimismo e pensenes negativos.

Autassédio. Qualquer consciência ociosa e desocupada deixa porta aberta a autassédio e heteroassédio holossomático.

Empenho. Para evitar todas essas patologias, é necessário empenhar-se na prática de exercícios físicos e energéticos, com a priorização intensa do estado vibracional profilático.

Antivitimização

Vitimização. Com o passar da idade, é comum a adoção de posturas pensênicas de autovitimização, ruminação, reclamação, ressentimento e autoculpa, traf*ares* que aceleram o envelhecimento cerebral e fixam pensenes negativos no paracérebro, razão pela qual é oportuno à conscin o desenvolvimento do traf*or* da *Antivitimização.*

Erro. O ideal é não permitir-se errar, mas evitar a repetição ou permanência dos mesmos erros já conhecidos.

Esforços. Os esforços evolutivos em qualquer idade acarretam efeitos sadios e favorecem a eliminação de imaturidades identificadas.

Antivitimização. A antivitimização promove a extinção de queixices, resmunguices, coitadices e preguicite aguda ou crônica.

Descarte. O descarte das autoculpas e das justificativas autocorruptas é conquistado gradualmente.

Profilaxia. A autodefesa energética a partir da utilização do estado vibracional (EV) permite o fim do *cascagrossismo* e a aquisição de maior lucidez consciencial.

Listado. Eis, por exemplo, listados em ordem alfabética, 7 tipos e níveis de antivitimização a serem buscados pelas conscins lúcidas interessadas na autoevolução:

1. **Antivitimização das finanças.** Organização financeira e adequação à própria realidade material; investimento no essencial e desapego ao supérfluo.

2. **Antivitimização cognitiva.** Possibilidade de aprendizado em qualquer idade, a depender apenas do interesse, do esforço e da dedicação da conscin.

3. **Antivitimização cultural.** O fim da cultura inútil.

4. **Antivitimização grupocármica.** Senso apurado de convivência e iniciativa para as reconciliações contínuas.

5. **Antivitimização proexológica.** Senso de orientação da proéxis para a sua consecução, o que minimiza desvios intra e extrafísicos.

6. **Antivitimização somática.** Atividades pró-longevidade lúcida, vida saudável, dessoma feliz.

7. **Antivitimização parapsíquica.** Desenvolvimento parapsíquico progressivo e contínuo, com autodiscernimento das parapercepções, sem distorções.

Coragem. Ao admitir a antivitimização como solução sadia e condição evoluída da consciência, a conscin promove o reaprendizado do paracérebro e o enriquecimento da holomemória.

Massa. Ao recuperar unidades de lucidez – cons, recorrente da antivitimização, a conscin torna-se apta a desafinizar-se da massa impensante, evitar lavagens cerebrais e sair da inferioridade intelectual.

Apego-Desapego

Apego. Apego é a ação ou o efeito de apegar-se, afeiçoar-se; acostumar-se com algo ou alguém; adquirir hábitos; agarrar-se; apegar-se a caprichos; habituar-se a ligação afetuosa.

Eliminar. É comum que as consciências passem a se apegar a tudo com o avanço da idade, o que dificulta suas reciclagens e provoca a estagnação evolutiva. Por isso, o apego é trafar a ser trabalhado e eliminado de vez, em qualquer idade.

Imaturidade. O apego, seja a coisas, ideias, pessoas ou situações, acontece pelo afeto excessivo, que prende a consciência às suas imaturidades e colabora para que a alegria e/ou o *estar* feliz desapareçam.

Negativo. O apego torna-se negativo para todas as pessoas, especialmente para o(a) geronte, quando apresenta alto nível de intensa possessividade, o que dificulta a dessoma da conscin e a lucidez no extrafisico pós-dessoma.

Exacerbação. A exacerbação emocional e o egoísmo familiar complicam o entendimento e a compreensão do ciclo ressoma-dessoma, o que prejudica a convivência com as pessoas idosas, principalmente no caso de doenças graves e/ou em fase terminal.

Parapsicose. Muitas imaturidades, entre elas o apego, podem levar a conscin à condição de parapsicótica pós-dessomática.

Possessividade. Apego excessivo torna-se possessividade, leva a conflitos íntimos e externos, causa ansiedade, fobias e depressão. Por tudo isso, é preciso exercitar o desapego lúcido pró-evolutivo.

Perdas. Aceitar as perdas do dia a dia, como o fim de relacionamentos, a saída de um emprego, a troca de moradia e a dessoma de pessoas queridas é desafiador e possível, ainda que possa ser difícil para algumas conscins.

Intraconsciencialidade. Abrir mão de coisas, pessoas e situações deixa a vida mais leve, favorece a reeducação emocional e reconstrói a intraconsciencialidade.

Inteligente. O apego inteligente às consciências amparadoras é positivo.

Assistencial. Consciências amparadoras são consciexes saudáveis, de padrão assistencial, que manifestam energias conscienciais produtivas, fraternas e universalistas pelo psicossoma, sempre com alto nível de discernimento (VIEIRA, 1999).

Desapego. O desapego é um trafor conquistado pela consciência com inteligência evolutiva (IE).

Frieza. O desapego não é frieza, é o uso paracerebral, racional e com discernimento das inter-relações conscienciais, que torna compreensível a ideia da necessidade do altruísmo para a evolução da consciência.

Tipos. O desapego pode ser espontâneo, quando a pessoa naturalmente o vivencia. Forçado, nos casos em que a conscin é obrigada a desapegar-se, como nos casos da dessoma, por exemplo. E o altruísta, condição evolutiva e sadia, onde a consciência libera o outro demonstrando maturidade.

Altruísmo. O desapego indica maior fraternismo e capacidade de afeição ao próximo. A pessoa altruísta tem o corpo emocional e o paracérebro equilibrados, por isso é capaz de abrir mão de si sem exigir nada em troca e quer o bem para todos.

Acalmia. Mediante o desapego, a paz íntima, a harmonia e a serenidade Cosmoética passam a permear o viver multidimensional.

Exigência. Desenvolver o desapego exige deixar de se preocupar com os resultados, agir desinteressadamente e priorizar a prática de ações interassistenciais, bem como explorar o potencial ilimitado do paracérebro.

Pensene. Quando a consciência se propõe a exercitar o desapego, deve cortar qualquer pensene autoassediador, pois os pensamentos construtivos é que são motivadores a todo e qualquer processo de reciclagem de vida.

Experimentação. Passar pela experiência do desprendimento ajuda a conscin a lidar continuamente com esse trafor e, com o tempo, promover o benefício da reestruturação holossomática.

Energossoma. O apego pode ocasionar a defasagem energética, especialmente em quem não "malha" as energias. Daí a importância da prática do EV profilático.

Vontade. Entender o momento presente requer vontade e concentração. Exige, também, mente aberta e com foco na renúncia pretendida e na reciclagem a ser iniciada e edificada.

Ambição. A ambição de acumular bens materiais é um trafar que a pessoa pode desconstruir ao longo da vida e, a partir daí, reconstruir sua relação com os recursos materiais necessários à vida humana com desprendimento e maturidade (Holomaturidade).

Timing. As conscins na terceira e quarta idade pré-dessomantes devem buscar o desapego antes de a dessoma acontecer.

4. Longevidade e Saúde Mental

Saúde. Saúde mental é a condição natural, estado de equilíbrio dinâmico ou a qualidade entre o organismo humano e o holopensene da pessoa com boa disposição e completo bem-estar da autopensenização ou com ausência de doença de origem mental ou psicopatia (VIEIRA, 2010).

Incentividade. É importante que o cérebro sadio, mesmo envelhecendo, tenha a capacidade edificada e estimulada, justamente para evitar ou pelo menos amenizar a senilidade. Calcula-se que existam bilhões de neurônios e que inúmeras ligações sinápticas aconteçam em cada nova aprendizagem.

Mentalsoma. Muitos estudos mostram que o mentalsoma, sediado no paracérebro, exerce um efeito sobre o tecido cerebral semelhante ao do exercício físico sobre os músculos. O mentalsoma é a sede da holomemória, sustentado pelo acervo do paracérebro.

Ambiente. Viver num ambiente prazeroso e instigante estimula o trabalho mentalsomático sobre o cérebro e o paracérebro.

Desafios. Buscar desafios intelectuais e novas aprendizagens durante toda a vida é útil, desafiador e possível para potencializar a evolução da consciência.

Viabilização. Para viabilizar o desafio de envelhecer estudando e aprendendo sempre, a atenção e as manifestações da *criatividade* na terceira e quarta idade são fundamentais.

Atenção. A atenção e a concentração são a base do aprendizado e da construção de uma memória e de uma holomemória sadias e eficientes.

Aprendizagem. Sem memória pessoal não há aprendizagem.

Reforço. No estudo teático do paradigma consciencial e da Gerontologia, pode-se propor, por exemplo, 14 atitudes necessárias para a estimulação do cérebro atual no acréscimo de rico acervo ao paracérebro:

01. Buscar aprendizagens estimuladoras e criativas.

02. Estar com a mente aberta a neoideias, com o objetivo de desencadear o fraternismo proexológico.

03. Evitar isolamento e dar preferência a uma convivialidade sadia e fraterna.

04. Buscar o desenvolvimento da memória pessoal, pois sem ela não há aprendizagens (exercícios cerebrais-paracerebrais).

05. Debruçar-se nos livros e dedicar-se à leitura, com concentração e atenção mental.

06. Trocar hábitos doentios por hábitos sadios, rotinas inúteis por rotinas úteis, como higiene consciencial, trabalhos artesanais e estimulação da psicomotricidade.

07. Superar dependências de qualquer tipo. Embora muitas pessoas idosas necessitem de cuidador(a) devido ao corpo físico debilitado, algumas tornam-se dependentes até mesmo para as necessidades mais básicas, razão pela qual é necessário evitar dependências desnecessárias.

08. Saber trabalhar com as perdas inevitáveis.

09. Preparar-se para a próxima vida com otimismo e automotivação contribui para uma dessoma saudável e feliz, e pós-dessoma tendente à lucidez e à intermissão atuante.

10. Reciclar-se sempre, para renovar as potencialidades e contribuir, assim, com a produção de gescons interassistenciais.

11. Reeducar continuamente os veículos de manifestação da consciência.

12. Manter a coerência com o estilo de vida, as atitudes e o apoio social, em busca do bem-estar. Saber esforçar-se mesmo em meio ao estresse é importante passo para o envelhecimento bem-sucedido.

13. Construir a autoconfiança a partir do uso dos trafores para eliminar os trafares.

14. Treinar a pensenidade sadia.

5. Saúde Mental e Atributos Correlatos

Paciência

Desafio. A paciência e a compreensão são trafores do *Homo sapiens paciens* que nos desafiam no cotidiano da vida intrafísica e extrafísica.

Ritmo. O melhor ritmo é o "devagar e sempre", com a paciência aplicada à circularidade racional didática e, paradoxalmente, à Autotaquirritmologia (VIEIRA, 2014).

Gerontes. A interconvivência com os (as) gerontes exige paciência interassistencial cosmoética e fraternidade na prática da tarefa do esclarecimento.

Ouvir. A habilidade de saber ouvir com paciência, otimismo e bom humor reduz os problemas de comunicação e convivência da vida humana, a qualquer momento do cotidiano.

Aprendizado. Se a conscin mantém o cérebro e o paracérebro ativos, consolida a paciência e a persistência em nível máximo.

Fase. Geralmente, a terceira e quarta idade é a melhor fase para consolidar o atributo da paciência.

Pré-requisito. Para isso, a conscin geronte deve saber ouvir, ter otimismo e bom humor, ser fraterna e testar continuamente sua própria paciência.

Prática. A prática da paciência permite a acalmia vivenciada, a teática da interassistencialidade, a agudeza cosmoética ou penetração sutil da cosmoética intraconsciencial.

Imperturbabilidade

Definologia. A imperturbabilidade é a condição, qualidade ou atitude da conscin lúcida, serena, tranquila, eutímica, ortocentrada, autoconsciente e inabalável, se sentindo intra e extrafisicamente em harmonia plena, estável, com as consciências, ou compassageiros evolutivos, e com os fluxos das realidades do Cosmos (VIEIRA, 2010).

Meta. A postura de imperturbabilidade é a meta planejada, condição, qualidade, atitude ou estado de harmonia da conscin serena, tranquila, inabalável, estável consigo, com as demais consciências e com os fluxos do Cosmos.

Megaeuforização. Ao alcançar a *imperturbabilidade*, a pessoa conquista a paz pessoal, a autossatisfação, a facilidade na vivência da megaeuforização, a capacidade de assistir os que a perturbam ou os perturbadores e assediadores alheios.

CI. A tranquilidade advinda da autoconectividade com a extrafisicalidade evoluída pode ser indício de participação em curso intermissivo (CI).

Veterano. O voluntário veterano interdimensional da tenepes pode vivenciar a imperturbabilidade policármica, como pôde ser observado na experiência pessoal desta autora.

Desperticidade. O estado da imperturbabilidade é o caminho para alcançar a autodesperticidade, foco importante sobre o qual a consciência deve refletir em qualquer faixa etária.

Criatividade

Somos todos criativos.

Atributo. A criatividade é um atributo consciencial que toda pessoa possui ou pode desenvolver. Dominar plenamente o poder da inventividade, procurar soluções criativas para os problemas cotidianos, potencializar as habilidades cerebrais e paracerebrais com aprendizagens contínuas e neoideias tornam a vida cotidiana mais fácil neste ciclo de viver-criar-recriar.

Criativo. Desenvolver um cérebro criativo nada mais é do que colocar o seu crânio em um estado diferente do habitual, ser capaz de gerar soluções inéditas e acelerar as inovações necessárias.

Transformação. Em qualquer faixa etária, o cérebro espera ser acionado e é capaz de adaptar-se no ambiente mesmo em constante transformação.

Consonância. Além disso, a improvisação cerebral gera constante harmonia inovadora, o que favorece a saúde consciencial.

Pesquisadores. Os pesquisadores estudam a criatividade entre as pessoas idosas em termos de realização, desempenho, produtividade e expressão criativa.

Ativa. A capacidade criadora não necessariamente declina com a idade. Embora possa diminuir com o passar do tempo, a criatividade do cérebro e paracérebro também pode permanecer e prosseguir ativa, mesmo na fase do envelhecimento, a depender do interesse, esforço e dedicação da própria consciência.

Desenvolvimento. Existem aqueles(as) gerontes que sentem o declínio da criatividade com o envelhecimento, mas outros(as) percebem que sua expressão criativa continua se desenvolvendo durante a vida toda.

Trafares. As angústias, medos e inseguranças bloqueiam a criatividade, ao passo que treinar a capacidade de *criticidade* na seleção e interpretação de informações relevantes pode conduzir a conscin à produção do novo.

Refinamento. Com a idade avançada, a conscin tem mais tempo para o desenvolvimento de refinamento, detalhismo e foco em suas expressões criativas.

Introspecção. A condição ideal para alcançar ideias originais ou qualquer outra capacidade criadora mais profunda é a de introspecção. Na faixa etária da terceira e quarta idade, a tendência da conscin homem ou mulher é refletir.

Reflexão. A reflexão coopera com a competência criadora, pois a consciência precisa de tempo para pensar e refletir, digerir o que apreendeu e permitir que a memória absorva o conhecimento.

Capacidade. Quanto maior o interesse da consciência no estímulo da capacidade inventiva e imaginativa, maior a possibilidade de extrapolação das adversidades.

Motivação. Motivar o cérebro-paracérebro faz a conscin tornar-se capaz de extinguir imaturidades, pois cria instrumentos criativos para favorecer as reciclagens necessárias.

Parapercepciologia. A projetabilidade e os fenômenos parapsíquicos podem contribuir com a lucidez e a potencialização da inventividade.

Intuição. Pessoas intuitivas são mais propensas a mudar o estado de ativação cerebral, pois conseguem manter o cérebro em contínuo movimento de criar-recriar.

Vantagem. Arnold Toynbee, famoso historiador britânico, via a vantagem de seus 77 anos: "Cada etapa da vida tem suas próprias provações e recompensas. A minha recompensa por ter atingido a presente idade é que isso me deu tempo para conseguir mais do que toda a minha agenda original. E a obra de um historiador é do tipo que o tempo é condição necessária para sua realização" (COHEN, 1995).

Autoconfiança

Autoconfiança. A confiança é a convicção moral da autossinceridade afetiva em relação aos trafores, às potencialidades e às qualidades de outrem e de si mesmo(a).

Fomento. Para desenvolver a autoconfiança, é necessário fomentar ações que possam melhorar o nível de autoestima.

Busca. Investir na autopesquisa e elucidar temas conscienciológicos pode contribuir para a construção da segurança íntima e externa, característica a ser buscada.

Avaliação. Avaliar diariamente a capacidade de alcançar metas e objetivos propostos e acreditar que situações desafiadoras terão uma solução favorável são boas estratégias para verificar o próprio desempenho, pois o bom aproveitamento de oportunidades favorece o desenvolvimento da autoconfiança.

Proatividade. Ter pensamento positivo, buscar soluções para resolver os problemas, evitar a postura de "esperar e ruminar" são posturas proativas que ajudam a construção da confiança em si mesmo(a).

Preparação. A autoconfiança exige preparo, disciplina e determinação com foco evolutivo, aumento das próprias competências por meio de estudos, leituras e cérebro dicionarizado, o que levará à aquisição de confiança em sua autoeficácia.

Preocupações. Por outro lado, para manter a autoconfiança, é preciso não se preocupar com as coisas que ainda não aconteceram, deixar a vida fluir, tirar proveito do que a vida oferece. Há pessoas que se sentem constantemente frustradas por não conseguirem controlar a vida, mas a verdade é que nem tudo está sob o nosso controle.

Improvisação. A conscin que busca a autoconfiança precisa dar crédito a sua capacidade criadora e praticar improvisações positivas.

Autoconfiança. O primeiro passo para desenvolver a autoconfiança é acreditar em seu potencial: você não usou nem perto de 100% de sua potencialidade.

Erros. No processo de desenvolvimento da autoconfiança, é possível que a consciência erre mais até aprender a acertar, por isso é fundamental que se organize a vida consciente de que cometerá erros. Isso evita o desânimo e a desistência causados pela frustração pessoal.

6. Inteligência Evolutiva

Habilidades. A *inteligência evolutiva* é a capacidade de apreender, aprender e compreender e adaptar-se à vida humana, com bases na aplicação e expansão teática, autoconsciente, do mecanismo da evolução consciencial, pessoal, já assimilado, incluindo a Cosmoeticologia, a Seriexologia e a Proexologia, definindo o autodiscernimento da consciência quanto à evolução consciencial racional, inclusive a autevolução lúcida na dinamização do próprio desempenho autopensênico e cosmoético (VIEIRA, 2010).

Módulos. Existem vários módulos de inteligência conhecidos, mas a inteligência evolutiva ultrapassa esses módulos, pois inclui a multidimensionalidade, o parapsiquismo e a interassistencialidade.

Autodiscernimento. A inteligência evolutiva é o melhor trafor pessoal a ser empregado em todos os momentos assistenciais da megafraternidade cosmoética.

Otimização. Para aperfeiçoar o desenvolvimento da inteligência evolutiva é preciso que a consciência desenvolva o autodiscernimento, a interassistencialidade e a tridotação consciencial.

Tridotação Consciencial

Competências. Eis 3 talentos ou capacidades conjugadas e qualificadas, *úteis a todas as consciências:*

1. **Intelectiva.** Intelecção é a inteligência intelectual, a inteligência em si, a capacidade de conceituação e associações de ideias, a capacidade intelectual.

2. **Parapsíquica.** Parapsiquismo é a inteligência parapsíquica, as parapercepções energéticas, anímicas e parapsíquicas, na multidimensionalidade (intrafísica-extrafísica).

3. **Comunicativa.** Comunicação é a inteligência comunicativa, escrita, oral ou visual, interconsciencial intrafísica e extrafísica.

7. Holomaturidade

Integrada. A holomaturidade, condição da maturidade integrada, biológica, holossomática e multidimensional, é a conquista da consciência que utiliza a lucidez máxima; é a essência da evolução.

Incorruptibilidade. A eliminação contínua de autocorrupções é motor gerenciador útil à conquista e manutenção da holomaturidade.

Policarmalidade. A maturidade paracerebral leva a consciência a sair de si, assistir o grupocarma e adentrar a policarmalidade.

Incorruptível. A vivência teática da cosmoética é a autoincorruptibilidade ou caráter incorruptível da conscin madura cosmoética e teática, que segue os princípios para viver sadiamente.

Indispensável. A cosmoética é um traço essencial para a evolução das consciências, pois qualifica a interassistencialidade e contribui para a melhoria da média evolutiva do planeta. O desenvolvimento do parapsiquismo associado à cosmoética promove a ativação positiva do cérebro e do paracérebro, favorece a conexão com o amparo e ajuda a auto e heteropacificação de consciências e de ambientes.

Posicionamento Consciencial

Posição. O posicionamento consciencial é a posição pessoal de a consciência autolúcida expor ideias, conteúdo informacional da Conscienciologia de maneira racional, assistencial e cosmoética, aplicando a tares interdimensional, sem a intenção de convencer ou doutrinar, empenhada na reeducação evolutiva dos demais.

Consciência. A consciência, jovem ou geronte, quando se posiciona com ações interconscienciais e intraconscienciais pautadas em reflexões, aprendizados, reaprendizados e reconstruções pessoais, em geral vive feliz e atuante na assistencialidade.

Corpus. Perante a vivência teática do *corpus* da Conscienciologia, a consciência passa por um crescendo: autoposicionamento--autoexposição-abertismo e sai da monovisão para a cosmovisão.

Motivadora. Atributos muitas vezes ociosos na idade avançada podem tornar-se uma provocação motivadora para o cérebro e o paracérebro.

Argumentos. Sob a ótica da *Reeducaciologia,* eis, por exemplo, em ordem alfabética, 4 categorias de posicionamentos possíveis para o (a) geronte lúcido (a) assumir:

1. **Emocional.** O equilíbrio emocional diante de conscins e consciexes, com ou sem vínculo afetivo interconsciencial.

2. **Energético.** A autossustentabilidade energética interassistencial e desassediadora no ambiente onde interage.

3. **Mental.** O predomínio do mentalsoma na explanação das ideias por meio da tarefa de esclarecimento, argumentações lógicas e maturidade consciencial.

4. **Parapsíquico.** A teática parapsíquica da interassistencialidade multidimensional.

O POSICIONAMENTO AUTORRESPONSÁVEL PERANTE O ENVELHECIMENTO HUMANO **DEMARCA A** COSMOÉTICA DA CONSCIN **IDOSA COM PARACÉREBRO ENRIQUECIDO,** CUJO OBJETIVO É A REEDUCAÇÃO **LIBERTÁRIA ASSISTENCIAL.**

SEÇÃO V

TÉCNICAS DE ENRIQUECIMENTO PARACEREBRAL

1. Técnicas de Enriquecimento Paracerebral

Sugestão. Eis, a seguir, a título de exemplo, 14 técnicas e paratécnicas mais utilizadas por esta autora ao longo dos últimos anos, com o objetivo de estimular cérebro e paracérebro no desenvolvimento de um trabalho holossomático e multidimensional focado na interassistencialidade autoevolutiva:

01. Técnica da Mobilização Básica das Energias (EV) (VIEIRA, 1999).

02. Técnica da Imobilidade Física Vígil (VIEIRA, 1999).

03. Técnica de Mais 1 Ano de Vida Intrafísica (VIEIRA, 1994).

04. Técnica da Saturação Mental Projetiva (VIEIRA, 1999).

05. Técnica da Respiração Rítmica (VIEIRA, 1999).

06. Técnica da Autorrelaxação Psicofisiológica (VIEIRA, 1999).

07. Técnica da Tenepes (VIEIRA, 1995).

08. Técnica Projetiva Assistencial.

09. Técnica da Autorganização Pacificadora.

10. Técnica da Desconstrução e Reconstrução de Si Mesmo.

11. Técnica da Madrugada (Balona, 2004).

12. Técnica da Megaeuforização (VIEIRA, 2010).

13. Técnica da Reflexão das 5 horas (VIEIRA, 2010).

14. Técnica do Arco Voltaico Craniochacral (VIEIRA, 2010).

Fonte. Todas as técnicas citadas, exceto as criadas pela autora, podem ser encontradas em bibliografia específica disponibilizada para consulta pelas instituições conscienciocêntricas.

Exemplologia. Para exemplificar a metodologia utilizada nesta autopesquisa, serão expostos, a seguir, alguns detalhes sobre as técnicas "Técnica de mais 1 Ano de Vida Intrafísica", "Técnica da Tenepes", "Técnica Projetiva Assistencial" e "Desconstrução-Reconstrução de Si Mesmo", consideradas, por esta autora, fundamentais para agilizar os compromissos proexológicos das conscins na terceira e quarta idade.

2. Técnica de Mais 1 Ano de Vida Intrafísica

Suposição. Se você deseja dinamizar sua evolução, fazendo a sua vida intrafísica render mais, empregue um recurso energético, mais decisivo: suponha que você vai ter só mais 1 ano de vida humana. Como posso melhor deixar esta vida humana?

Posturas. Eis, a seguir, a título de exemplo, 12 tópicos para os quais esta autora mais atentou na aplicação da Técnica Mais 1 Ano de Vida:

01. Elimine o que é supérfluo.

02. Identifique a qualidade, talento ou megatrafor predominante da sua personalidade, manifesto em sua existência até aqui e firme-se nele.

03. Discipline-se no dia a dia, aprenda, faça, realize.

04. Melhore as relações com todos, até com os adversários.

05. Expresse sua maxifraternidade neste ano crítico.

06. Incremente o rendimento existencial do megatrafor identificado com toda a motivação possível.

07. Motive-se para atingir suas metas, sem perder saúde, tempo e energias.

08. Elimine as dificuldades, os problemas.

09. Abra mão dos atritos, mágoas, ressentimentos.

10. Identifique o que você não conseguiu até o momento e faça.

11. Reprograme as suas irrealizações até o momento.

12. Ponha em uma planilha, registre tudo durante essa autopesquisa e mude para melhor o que puder.

Virada. Esta é a vida da virada, que mudará o meu nível no ciclo multiexistencial em busca do completismo, da ofiex e da desperticidade.

Sugestões. Para o direcionamento mais produtivo dos resultados dessa técnica, utilizei, por dez anos, as seguintes questões para aferir se as reações no holossoma e atitudes no dia a dia eram positivas ou negativas:

Soma:

1. Está em harmonia ou desorganizado?

2. Há desconforto?

3. Condição de saúde ou doença?

4. Coerências ou incoerências relativas à saúde?

5. Pratica exercícios físicos?

6. Quais são as providências práticas com o soma (*check-up*)?

Energossoma:

1. Qual a qualidade da quantidade de seus estados vibracionais (EVs)?

2. Quais as assimilações e desassimilações energéticas que aconteceram hoje?

3. Quais foram as repercussões energéticas em ambientes por onde você interagiu?

4. Registra as sinaléticas energéticas parapsíquicas pessoais percebidas e o significado desses sinais multidimensionais?

Emocional ou psicossoma:

1. Quais os afetos e desafetos neste dia?

2. Quais os apegos e desapegos?

3. Quais os erros e acertos?

4. Quais as reconciliações e retratações?

5. Bom humor ou mau humor, o que predominou?

6. Pensenes – predomínio do emocional ou mental?

7. Grupocarma – saiu das interprisões ou ainda está gerando interprisões?

Mentalsoma:

1. Quais os atributos ou potencialidades desenvolvidas hoje? Exemplos: vontade, atenção, memória, discernimento.

2. O que você utilizou hoje para uma melhor ginástica cerebral? Gescons, dicionários, estudos, leituras, jornais ou periódicos, revistas, Cosmograma, Conscienciograma (VIEIRA, 1996)?

Anotações. Durante a aplicação da técnica, recomenda-se o registro de todas as projeções de psicossoma e de mentalsoma, por meio de projeciografia (registro detalhado do evento) e de projeciocrítica (avaliação autocrítica sobre o experimento). Os experimentos são importantes, mas é preciso analisá-los e refletir sobre o que fazer com as informações projetivas em seu benefício, para aperfeiçoar seu processo evolutivo.

Semanal. A síntese semanal, com os resultados obtidos, positivos ou negativos, faz-se necessária afim de verificar qual o ponto em que se deve mexer ou qual o traço faltante para mudar.

Anual. A síntese anual dos registros conduz à responsabilidade de reprogramação, reconstrução do que for pesquisado com seriedade e compromisso assumido.

Continuidade. Após a vivência dessa técnica por dez anos, com registro dos erros e acertos, desconstrução de imaturidades, elaboração de cláusulas do Código Pessoal de Cosmoética (CPC), assistência constante aos dessomantes, priorização efetiva das *reurbanizações* intrafísicas e extrafísicas, observou-se uma viragem de vida para melhor.

3. Técnica Projetiva Assistencial

Objetivo. O objetivo desta técnica é projetar-se do corpo físico com lucidez visando a assistência, colocando-se à disposição dos amparadores, consciências extrafísicas especialistas.

Passos. A aplicação da técnica ocorre segundo as etapas abaixo descritas:

1. Deitar-se em decúbito dorsal e iniciar um relaxamento de todos os veículos de manifestação da consciência.

2. Após o relaxamento, iniciar a mobilização básica das energias, constituída de três manobras: circulação fechada de energias, exteriorização de energias e absorção de energias.

3. Em seguida, inspire lentamente o ar pelas narinas com pensamentos de fraternismo, gratidão e amor puro.

4. Expire o ar lentamente com pensenes de serenidade e paz universal.

5. Após aproximadamente 10 minutos, colocar-se à disposição dos amparadores para a assistência extrafísica.

6. Entrar no sono natural com esta energia de fraternismo assistencial.

4. Técnica da Tenepes

Tenepes. A tarefa energética pessoal, ou tenepes, é a transmissão de energia consciencial, assistencial, individual, programada com horário diário, da consciência humana, auxiliada por amparador ou amparadores, no estado da vigília física ordinária, diretamente para consciências intra e extrafísicas carentes ou enfermas, intangíveis e invisíveis à visão humana comum; ou consciências projetadas, ou não, próximas ou a distância, também carentes ou enfermas (VIEIRA, 1997).

Objetivos. O praticante da tenepes tem objetivos mais amplos do que os seus interesses pessoais. Procura o domínio das energias e um razoável desenvolvimento parapsíquico. A tarefa energética pessoal, diária, é interdimensional, é uma tarefa assistencial de esclarecimento e otimizadora das recins.

Conexão. A exteriorização das energias favorece as conexões entre mentalsoma e energossoma e permite ao tenepessista acessar a realidade de consciex vivendo enquanto conscin.

Qualificação. A prática da tenepes é uma aula individual de interassistencialidade e qualificação assistencial a cada seção realizada.

Laboratório. Em outras palavras, a tenepes é a união entre o (a) tenepessista e o(a) amparador(a) extrafísico(a) de função, com o fim de potencializar a interassistencialidade.

Amparador. Portanto a consciência amparadora é a copraticante extrafísica nas práticas da conscin tenepessista.

Afinidade. A afinidade é que comanda as práticas da tenepes, seja em relação à consciência amparadora ou em relação às consciexes assistidas.

Atributos. A interassistencialidade, prioridade nos trabalhos da tenepes, é sempre uma intercomunicação sincera e fraterna.

Iscagem. A conscin tenepessista deve visar o domínio da iscagem lúcida, para o adequado encaminhamento das consciências.

Parapsiquismo. Por isso o desenvolvimento parapsíquico tenepessológico é o aprimoramento teático das potencialidades por parte do *tenepessista*.

Extrapolação. Durante a tenepes, a passividade benigna da conscin a fim de permitir a atuação do amparo representa uma extrapolação da condição de ser desperto e traz várias reflexões e neoideias. Nesse caso, o paracérebro da conscin comunica-se diretamente com o paracérebro do(a) amparador(a).

Evolução. Tanto o(a) amparador(a) quanto o(a) praticante da tenepes se desenvolvem e evoluem juntos(as).

Solidão. O tenepessista não conhece a solidão, pois o amparo é o seu companheiro. No entanto se a conscin tenepessista sente tristeza ou melin, tem "boi na linha".

Aquisições. Eis, a seguir, a título de exemplo, 6 habilidades necessárias às conscins interessadas em iniciar a prática da tenepes:

1. **Assim.** Habilidade de promover e manter, sempre, a assimilação energética com o amparador e a consciência assistida.

2. **Desassim.** Habilidade de promover, após a assistência, a desassimilação e a desconexão do problema percebido.

3. **Ectoplasmia.** Habilidade de dominar a intensidade e a densidade das energias exteriorizadas.

4. **Encapsulamento.** Habilidade de promover o auto e o heteroencapsulamento energético, quando necessário.

5. **EV.** Habilidade de alcançar a sustentabilidade através do estado vibracional (EV).

6. **Exteriorização.** Habilidade de praticar a exteriorização de energias e suas variáveis: frequência, direção, sentido, potência.

Tares. Tenepes não é tacon, é assistência de paracérebro a paracérebro. A tares acontece de mentalsoma a mentalsoma entre assistentes e assistidos(as).

Autopacificação. Por meio da tenepes, é possível adquirir a condição pacificadora. É o termômetro que mede a autopacificação desta autora.

Pesquisador. É importante o(a) tenepessista ser um(a) pesquisador(a), fazer anotações sobre suas vivências pessoais e analisá-las continuamente.

Disponibilidade. A prática da tenepes implica em renovação íntima e estar disponível 24 horas por dia, o que é essencial ao atendimento das consciências exige organização e postura cosmoética.

"A tenepes exige do praticante não falar mal de ninguém."

Compromisso. Esta técnica é um compromisso assumido diariamente nas manifestações da consciência.

Divisor. A autora admite ser a tenepes o divisor de águas em sua vida.

Benefícios. Os benefícios da tenepes representam o conjunto de dividendos positivos, cosmoéticos e benignos hauridos pelo tenepessista dedicado e motivado com as práticas interassistenciais diárias (Fernandes citado por Thomaz, 2015).

Valores. A responsabilidade diária com as sessões energoassistenciais faz a conscin tenepessista rever os próprios valores e reconstruir com discernimento o que for necessário à atualização assistencial.

Casuística. Eis, a seguir, para exemplificação, 8 efeitos percebidos por esta autora ao longo de duas décadas de prática da tenepes:

1. **Autocosmoeticidade.** Descoberta, na prática, da Cosmoética como aceleradora do desafio de ser completista.

2. **Autocorrupções.** Eliminação das autocorrupções pela utilização do trafor da autoimperdoabilidade nas atitudes diárias.

3. **FEP.** Melhora do saldo da Ficha Evolutiva Pessoal.

4. **Base física.** Fixação do holopensene multidimensional na base física, futura ofiex da autora.

5. **Grupocarma.** Benefício direto ou indireto ao grupocarma, com a melhora da qualidade de vida, reconciliações e retratações; a policarmalidade está atuante neste momento.

6. **Parapsiquismo.** Qualificação da docência devido à prática diária de interassistencialidade e parapsiquismo, ao modo de aula individual diária.

7. **SEPP.** Ampliação e enriquecimento da sinalética energética parapsíquica pessoal, o que torna mais confiável a comunicação multidimensional.

8. **Desperticidade.** Maior possibilidade de conduzir a consciência à desperticidade.

Tenepessografia. A tenepessografia ou diário tenepessológico do(a) praticante da tarefa energética pessoal é o registro detalhado dos eventos vivenciados, com finalidade autopesquisística.

Diário. Há mais de 20 anos, o diário ou inventário da tenepes faz parte dos registros para a autopesquisa desta pesquisadora.

Tempo. Com o passar do tempo, a tenepes passa a fazer parte da conscin tenepessista: a tenepes absorve você.

Efeitologia. O tenepessista é o peão interdimensional em serviço não remunerado, trabalhando sem testemunhas humanas e sem ressacas bioenergéticas.

Acolhimentologia. Qual o nível de acolhimento da sua tenepes atual?

Técnica. Na técnica do acolhimento-orientação-encaminhamento, o mais sério é ter boa intenção, não pensar mal dos outros.

Assediadores. O inteligente é não ficar contra os assediadores, e sim a favor de todos. O assediador é doente, por isso é preciso fazer o seu acolhimento e assistência.

Condição. A tenepes é condição (pré-requisito) para a desperticidade.

Fases. Eis as fases da técnica do acolhimento-orientação-encaminhamento:

1. **Acolhimento:** É a primeira fase, é um começo. Acontece quando a consciência assistida já admitiu ser acolhida.

2. **Orientação:** É a segunda fase, é a tares mentalsomática, na qual a renovação da consciência assistida vai ser alcançada.

3. **Encaminhamento:** É a fase em que os(as) amparadores(as) ou amparador(a) de função entram em ação para encaminhar a consciência assistida.

5. Técnica da Desconstrução-Reconstrução de Si Mesmo

Definição. A técnica da desconstrução-reconstrução de si mesmo é a capacidade de autopesquisa contínua, lúcida em desconstruir ideias ultrapassadas, imaturidades e megatolices em geral, e reconstruir-se teaticamente, com novas ações, posturas, pensenes fraternos, reflexão sobre os resultados obtidos, positivos ou negativos, e ações proativas no sentido de corrigir os erros e fortalecer os acertos.

Construção. A técnica sugere a reflexão e ação para a construção do caminho para a holomaturidade.

Ciclo. O *ciclo desconstrução-reconstrução consciencial* é o encadeamento técnico e contínuo da capacidade de aproveitar cotidianamente as oportunidades e hacervos evolutivos, pela conscin autolúcida, ao desconstruir ideias ultrapassadas e imaturidades e reconstruir com discernimento o ideário pessoal a caminho da desperticidade.

Desconstrução. A conscin lúcida, com foco evolutivo, busca a desconstrução de paradigmas arcaicos e ultrapassados, as ações de desfazer e refazer valores evolutivos, o refazimento homeostático da fôrma holopensênica, a reconstrução de ideias pessoais, a vivência teática da convivialidade com retratações e reconciliações nas renovações propostas, o megafoco na erradicação de preconceitos, megatolices e imaturidades em geral, as retratações e reconciliações pendentes, aqui e agora.

Imersão. A imersão no estudo, o hábito da leitura, a busca pelo cérebro e paracérebro dicionarizado, a reestruturação do humor equilibrado, a opção pelo autodesassédio, a Parapedagogia enquanto processo contínuo de enriquecer o paracérebro são alternativas possíveis, viáveis e lúcidas para a conscin idosa que pretende manter a saúde holossomática e a postura interassistencial multidimensional. "Estudo, eis tudo".

Dicionarizado. O cérebro dicionarizado é o cérebro da conscin lúcida, homem ou mulher, portadora de algum, alguns ou dos 4 tipos de dicionários cerebrais, a saber: sinonímico, antonímico, analógico e poliglótico. "A qualidade do cérebro dicionarizado especifica o nível evolutivo do paracérebro (mentalsoma), paracorpo do discernimento" (VIEIRA, 2010).

Lexicografia. O desenvolvimento da lexicografia gera esclarecimento intelectual ao cérebro e ao paracérebro, promove a desconstrução e reconstrução mentalsomática, favorece a reeducação holossomática e desencadeia neoideias paracerebrais que encaminham a consciência ao fraternismo e ao pacifismo.

Reorganizações. A reorganização da identidade, a reaprendizagem do comprometimento consigo mesmo, o restabelecimento de metas proexológicas e a liderança pré-intermissivista como fator facilitador interassistencial permitem a preparação da conscin idosa pré-dessomante para a próxima intermissão atuante.

Desperticidade. A conquista da desperticidade, a reeducação estimulada por informações multidimensionais; a bússola consciencial direcionando ações cosmoéticas e universalistas, indicadoras da megafraternidade, e o discernimento da *inteligência evolutiva* podem ser as metas maiores na vida da conscin idosa parapsíquica.

CEE. A vivência regular da conectividade com a *Central Extrafísica de Energias* (CEE) favorece a reciclagem dos trafares e permite a construção de saberes multidimensionais que são acrescentados ao acervo do paracérebro.

Favorecimento. O paracérebro, já com as renovações cognitivas e paracognitivas, favorece as observações atiladas dos fatos e parafatos a todo minuto, as quais embasam as conclusões do pesquisador.

Eliminação. Do ponto de vista da *Evoluciologia,* a conscin geronte lúcida interessada em agir de maneira planificada quanto às reciclagens intraconscienciais pode eliminar, por exemplo, 20 condições conscienciais indesejáveis ao cérebro e paracérebro, dispostas na ordem alfabética:

01. **Autocorrupções cotidianas.**

02. **Bagulhos pensênicos.**

03. **Catequeses dissimuladas.**

04. **Coleiras sociais do ego.**

05. **Descompensações energéticas.**

06. **Emocionalismos exacerbados.**

07. **Estigmas assediadores diversos.**

08. **Ideias formatadas.**

09. **Idolatrias.**

10. **Influências da massa impensante.**

11. **Lixos intelectuais.**

12. **Megadogmas tradicionais.**

13. **Melancolias intraconsienciais.**

14. **Pecadilhos mentais.**

15. **Preconceitos arraigados.**

16. **Presença energética estéril.**

17. **Princípios anticosmoéticos na vida.**

18. **Robotização existencial.**

19. **Surtos frequentes de imaturidade.**

20. **Verdades absolutas inverificáveis.**

Desejáveis. Eis as 21 proposições desejáveis ao cérebro e paracérebro, dispostas na ordem alfabética:

01. **Aprendizagens multidimensionais.**

02. **Assistencialidade intra e extrafísica.**

03. **Autoconscientização multidimensional.**

04. **Bom humor.**

05. **Continuísmo consciencial.**

06. **Convivialidade.**

07. **Criticopensenidade.**

08. **Equilíbrio holossomático.**

09. **Fraternismo.**

10. **Estado vibracional (EV).**

11. **Holomaturidade.**

12. **Inteligência evolutiva.**

13. **Interassistencialidade.**

14. **Parapsiquismo benéfico.**

15. **Pensenes sadios.**

16. **Princípio da descrença.**

17. **Proéxis.**

18. **Projetabilidade lúcida.**

19. **Tares.**

20. **Tenepes.**

21. **Trafor.**

AO *EVITAR MIMESES DESNECESSÁRIAS,* A CONSCIN **UTILIZA** **SUTILEZAS CONSCIENCIOLÓGICAS COM O PARACÉREBRO** **ATIVADO,** DESCONSTRÓI **IMATURIDADES E** RECONSTRÓI AÇÕES **RUMO À** DESPERTICIDADE INTERASSISTENCIAL.

CONSIDERAÇÕES FINAIS

Envelhecimento. O cérebro envelhece inevitavelmente, e o paradigma consciencial oferece alternativas para a autopesquisa, o autenfrentamento e a autossuperação na longevidade, o que pode levar a conscin idosa a uma vida útil, intra e extrafísica, e reduzir a fragilidade e a degeneração precoce do cérebro que envelhece.

Convivialidade. Quanto maior a diversidade consciencial, que favorece a convivialidade entre pessoas, e o estímulo do cérebro físico por meio de estudos e atividades criativas, mais rápida será a recuperação de lucidez multidimensional. Além disso, quem vive intrafisicamente mais tempo pode ter mais chances de ser completista, isto é, cumprir satisfatoriamente sua programação de vida.

Acervo. O acervo da Conscienciologia e os temas aqui apresentados fazem conexões com o cérebro através do tempo e contribuem para o amadurecimento paracerebral.

Longevidade. A longevidade evolutiva dos veículos de manifestação da consciência será possível através da vontade e determinação da conscin em manter o autocontrole e alcançar a saúde somática, energética, emocional e mental. Desse modo, a longevidade é construída a partir do equilíbrio desde a infância e adolescência.

Poder. Com o passar dos anos, o mentalsoma torna-se a realidade consciencial quando a priorização da conscin é mentalsomática. Esse é o veículo de maior poder da consciência e age como um despertador eficiente para a evolução de todos.

Ponderação. O desenvolvimento da ponderação mentalsomática, desenvolve e enriquece cada vez mais o cérebro e paracérebro, o que favorece maior estabilidade holossomática e um bom nível de discernimento. Adquire-se assim uma bagagem paracerebral, o que traz a sabedoria essencial. A evolução qualifica a percepção e para-percepção.

Aquisição. Nesta gescon, ressaltou-se a importância do ato de adquirir ferramentas parapsíquicas, tais como a projetabilidade lúcida.

Ganhos. A autora pôde perceber ganhos evolutivos propicia-dos pela aplicação de técnicas e paratécnicas auxiliadoras do aumento da autoconscientização multidimensional.

Experimentos. Os experimentos continuados de projeções lúcidas, parapsiquismo útil e as informações multidimensionais acessadas desencadeiam as sutilezas das percepções e parapercepções, o que deve nortear a autopesquisa e levar ao autoconhecimento.

Relatos. Nesta obra foram descritas autoexperiências que muito contribuíram para o desenvolvimento pessoal parapsíquico da autora, tais como: Clarividência Viajora, Projeção Retrocognitiva, Ensaio Dessomático Projetivo e Fixação Parapsíquica.

Reflexões. As reflexões sobre vivências parapsíquicas catalisam a evolução. Daí, nascem as renovações de vida para melhor. Por isso, as reflexões pessoais são pré-requisitos para esta virada ou renovação existencial.

Renovação. A renovação ou reciclagem de vida para melhor sem um razoável desenvolvimento parapsíquico fica mais difícil, pois a consciência fica limitada à materialidade.

Ferramenta. Para que a consciência consiga reciclar-se de maneira mais adequada, sem grandes enganos, o parapsiquismo e as projeções conscientes são *ferramentas* importantes para a evolução, pois oferecem à consciência uma visão de conjunto de sua realidade intraconsciencial e da realidade das demais consciências e, assim, expande sua capacidade fraterna em relação aos demais.

Ambientes. Ambientes que estimulem os processos de aprendizagem e o exercício da intelectualidade favorecem a conscin idosa, pois, além de adquirir um *mindset* ou um padrão de pensamento mais flexível, leva-a a descobrir pistas, técnicas, metas e condições favoráveis a aprendizagens estimuladoras multidimensionais. Essas experiências são acrescentadas ao paracérebro, que, mais experiente, sustenta a parafisiologia do psicossoma, a holomemória, a serialidade e a Paragenética.

Pesquisas. Este tema incita novos estudos, com aprofundamento e pesquisas contínuas que utilizem os conhecimentos do paradigma convencional, mas enfatizem as informações propostas pelo paradigma consciencial e levem a uma transformação da conscin. Dessa forma, será possível admitir que o cérebro envelhece, mas o paracérebro sempre enriquece.

BIBLIOGRAFIA

01. **Alegretti,** Wagner; *Retrocognições-Lembranças de vivências passadas;* 304 p.; 1ª Ed.; *Instituto Internacional de Projeciologia e Conscienciologia:* Rio de Janeiro, RJ; 1998; páginas 35 e 60.

02. **Almeida,** Júlio; *Qualificação autoral: aprofundamento na escrita conscienciológica;* 312 p.; *Associação Internacional Editares;* Foz do Iguaçu, PR; 2014; página 27.

03. **Arakaki,** Kátia; *Antibagulhismo energético: Manual;* 190 p.; *Associação Internacional Editares;* Foz do Iguaçu, PR; 2015; página 81.

04. **Azevedo,** Frederico A.C.; *et. al; Equal Numbers of Neoronal and Nonneuonal CellsMake, The Human Brain na Isometrically;* The Journal of Comparative Neurology; Scalled Up – Primati Brain; 2009; páginas 332 e 541.

05. **Balona,** Málu; *Autocura Através da Reconciliação: Um Estudo Prático sobre a Afetividade;* 342 p.; 2ª Edição; *Instituto Internacional de Projeciologia e Conscienciologia;* Rio de Janeiro, RJ; 2004; páginas 92, 234 e 247.

06. **Idem;** Projecioterapeuta; Verbete; In: VIEIRA, Waldo; Org. *Enciclopédia da Conscienciologia;* apresentado no Tertuliarium/CEAEC, Foz do Iguaçu, PR, em 23.08.2015.

07. **Berwick,** R.; *How to train your pet like a television star;* Los Angeles, DC: U.S.; Armstong Publishing Co; 1983.

08. **Brothers,** Joyce D.; Eagan, Edward P. F; *Como desenvolver a memória;* tradução de Ronaldo Sérgio de Biasi; 19ª Ed. Record; Rio de Janeiro, RJ; 1996. páginas 35 e 62.

09. **Carson,** Shelley; *O Cérebro Criativo.* 1ª Ed.; Editora Best Seller: Rio de Janeiro; 2012, página 368.

10. **Cohen,** D. Gene; *O Cérebro no Envelhecimento Humano;* 291p.; Andrei; São Paulo, SP; 1995; páginas 41,43, 53,73, 99, 140, 162 e 232.

11. **Conscientia,** Revista; vol. 8; N. 2- Abril / Jun.- 2004; edição Especial, *I Jornada da Despertologia;* Campus CEAEC – 15 a 17 de Julho 2005.

12. **Gallwey,** W. Timothy; *O jogo interior de tênis;* tradução de Mário R. Krausz; *Textonovo:* São Paulo, SP; 1996; página 88.

13. **Goldberd,** Elkhanon; *O Cérebro executivo: Lobos Frontais e a Mente Civilizada; Imago;* Rio de Janeiro, RJ; 2008; página 288.

14. **Granick,** S. & **Patterson,** R.D.; *Human aging: an eleven-year follow up biomedical and behavioral study;* Dhew Publication No. (HSM); Washington, DC: U.S.; Government Printing Office; 1971.

15. **Herculano-Houzel,** Susana; *Fique de bem com seu cérebro: guia prático para o bem estar em 15 passos; Sextante;* Rio de Janeiro, RJ; 2007; páginas 97 e 139.

16. **Küchemann,** Berlindes Astrid; *Envelhecimento populacional, cuidado e cidadania: velhos dilemas e novos desafios;* **Soc. estado.**, Brasília, v. 27, n. 1, p. 165-180, Apr. 2012. Recuperado em <http://www.scielo. br/scielo.php?script=sci_arttext&pid=S0102-69922012000100010&lng=en&nrm=iso>; acesso em 28 Dec. 2017; página 165.

17. **Lent,** Roberto; *Cem bilhões de neurônios: conceitos fundamentais de neurociência;* 746 p.; *Editora Atheneu;* São Paulo, SP; 2001; páginas 25 e 30.

18. **Lopes,** Adriana; *Opção pelo Autodesassédio;* verbete; In **VIEIRA,** Waldo; Org.; *Enciclopédia da Conscienciologia Eletrônica;* 7ª Ed. Digital; *Associação do Centro de Altos Estudos da Conscienciologia* (CEAEC); Foz do Iguaçu, PR; 2012.

19. **Lopes,** Tatiana; *Desenvolvimento da projetabilidade lúcida;* 160 p.; *Associação Internacional Editares;* Foz do Iguaçu, PR; 2015; páginas 35 e 60.

20. **Machado,** Cesar; *Proatividade evolutiva: sob a ótica da autoconsciencioterapia.* 440 p.; *Associação Internacional Editares;* Foz do Iguaçu, PR; 2014; página 283.

21. **Martins,** Eduardo; *Higiene consciencial: reconquistando a homeostase no microuniverso consciencial.* 392 p.; *Associação Internacional Editares;* Foz do Iguaçu, PR: 2016; página 147.

22. **Nader,** Rosa; *Antienvelhecimento cerebral;* verbete; In: **VIEIRA;** Waldo; Org.; *Enciclopédia da Conscienciologia Eletrônica;* 7ª Ed. Digital; *Associação do Centro de Altos Estudos da Conscienciologia* (CEAEC); Foz do Iguaçu, PR; 2013.

23. **Nascimento,** Alessandra & **Wong,** Felix; Orgs; *Conscienciologia é notícia: uma década de entrevistas na Super Rádio Tupi;* 184 p.; *Associação Internacional Editares;* Foz do Iguaçu, PR; 2015; páginas 103 e 116.

24. **Póvoa,** Helion Filho; *A chave da longevidade: novos tratamentos para a prevenção de doenças, técnicas para retardar o envelhecimento, a resolução da medicina ortomolecular;* 296 p.; *Objetiva;* Rio de Janeiro, RJ; 2001; páginas 138 e 259.

25. **Prata,** Selma; *Rejuvenescimento Consciencial;* Verbete; In: **VIEIRA,** Waldo; Org.; *Enciclopédia da Conscienciologia Eletrônica;* 8ª Ed. Digital; *Associação do Centro de Altos Estudos da Conscienciologia* (CEAEC); Foz do Iguaçu, PR; 2013.

26. **Idem;** *Ciclo: Desconstrução-Reconstrução consciencial;* Verbete; In: **VIEIRA,** Waldo; Org.; *Enciclopédia da Conscienciologia;* apresentado no *Tertuliarium*/CEAEC, Foz do Iguaçu, PR, em 15.05.2014.

27. **Idem;** *Ensaio Dessomático Projetivo;* Verbete; In: **VIEIRA,** Waldo; Org.; *Enciclopédia da Conscienciologia;* apresentado no *Tertuliarium*/CEAEC, Foz do Iguaçu, PR, em 29.11.2013.

28. **Idem;** *Fixação parapsíquica;* Verbete; In: **VIEIRA,** Waldo; Org.; *Enciclopédia da Conscienciologia;* apresentado no *Tertuliarium*/ CEAEC, Foz do Iguaçu, PR, em 06.12.2012.

29. **Idem;** *Posicionamento docente Conscienciológico;* Verbete; In: **VIEIRA,** Waldo; Org.; *Enciclopédia da Conscienciologia;* apresentado no *Tertuliarium*/CEAEC, Foz do Iguaçu, PR, em 30.05.2013.

30. **Idem;** *Teática pacifista interconsciencial;* Verbete; In: **VIEIRA,** Waldo; Org.; *Enciclopédia da Conscienciologia;* apresentado no *Tertuliarium*/CEAEC, Foz do Iguaçu, PR, em02.06.2015.

31. **Idem;** *Projetor Lucido Pré-Dessomante;* verbete; In **VIEIRA,** Waldo; Org.; *Enciclopédia da Conscienciologia Eletrônica;* 7ª Ed. Digital: *Associação do Centro de Altos Estudos da Conscienciologia* (CEAEC); Foz do Iguaçu, PR; 2016.

32. **Ramachandran,** V. S. & Blakeslee Sandra; *Fantasmas no cérebro; Editora Recorde;* Rio de Janeiro, RJ; 2002; páginas 31 e 32.

33. **Restak,** Richard; *Mente saudável: mente brilhante;* 239 p.; tradução Tina Jeronymo; *Larousse do Brasil;* São Paulo, SP; 2010; páginas 8, 31, 67 e 200.

34. **Richter,** Rita; *Geronte Proexista.* Verbete; In: **VIEIRA,** Waldo; Org.; *Enciclopédia da Conscienciologia;* apresentado no *Tertuliarium*/ CEAEC, Foz do Iguaçu, PR, em 07.01.2017.

35. **Rouanet,** Marcelo; *A consciência multifacetada: análises transdisciplinares da evolução consciencial;* 2ª ed.; Ver. E ampli. – Porto Alegre; *Armazém Digital;* 2013; página 51.

36. **Rossa,** Dayane; *Oportunidade de viver e evoluir: estudo sobre a existência humana e o sentido da vida; Associação Internacional Editares;* Foz do Iguaçu, PR; 2014; páginas 245 e 260.

37. **Sacconi,** Luiz Antônio; *Dicionário Sacconi: da língua portuguesa; Nova geração;* São Paulo, SP; 2010; páginas 157, 1676 e 1891.

38. **Santos**, Mônica Prata; & **Prata**, Selma Correa; Teática Grupal Pacifista. *Homo Projector; II Encontro Internacional da Paz,* Foz do Iguaçu, PR; v. 2, n. 1, p. 229, jan./jun. 2015. Semestral. Reflexões Conscienciológicas (Pacifismologia).

39. **Shemer,** Michael; M. PhD; *Cérebro e Crença; Editora JSN;* São Paulo, SP.

40. **Strauch,** Bárbara; *O melhor Cérebro de sua vida: segredos e talentos da maturidade; Editora Zahar;* Rio de Janeiro, RJ; 2011.

41. **Teles,** Mabel; *Zéfiro: a paraidentidade intermissivista de Waldo Vieira; Associação Internacional Editares;* Foz do Iguaçu, PR: 2014; página 100.

42. **Thomaz,** Marina; *Tenepes: assistência interdimensional lúcida;* Organizado por Marina Thomaz e Antônio Pitaguari; *Associação Internacional Editares;* Foz do Iguaçu, PR, 2015; páginas 202, 263 e 363.

43. **Tornieri,** Sandra; *Mapeamento da sinalética parapsíquica; Associação Internacional Editares;* Foz do Iguaçu, PR: 2015.

44. **Ulman.** Karla; *Paradireito: Megalei Cósmica;* entrevista concedida pelo pesquisador *Waldo VIEIRA* ao Jornal do Campus CEAEC. 8/8/2005.

45. **Varella,** Dráuzio; *Correr: o exercício, a cidade e a desafiada maratona;* 208 p.; 1ª Ed.; *Companhia da Letras;* São Paulo, SP; 2015; páginas 35 e 60.

46. **Vasconcelos,** J; *Como a mente produz ideias;* 224 p.; *Escuta;* São Paulo, SP; 2000; página 117.

47. **Vieira,** Waldo; *Dicionário de Argumentos da Conscienciologia;* 1ª Edição; *Associação Internacional Editares;* Foz do Iguaçu, PR; 2014; páginas 148, 202, 372, 490, 584, 706, 833, 953 e 1365.

48. **Idem;** *Abertismo Consciencial; Antepassado de Si mesmo; Autorreflexão de 5 Horas; Cérebro Dicionarizado; Imperturbabilidade; Paracerebrologia;* Verbetes; In: **VIEIRA,** Waldo; Org.; *Enciclopédia da Conscienciologia Eletrônica;* 8ª Ed. Digital; *Associação Internacional Editares e Associação do Centro de Altos Estudos da Conscienciologia* (CEA-EC); Foz do Iguaçu, PR; 2013.

49. **Idem;** *Conscienciograma: Teática de Avaliação da Consciência Integral;* Instituto Internacional de Projeciologia e Conscienciologia; Rio de Janeiro, RJ; 1996; p. 71.

50. **Idem;** *Léxico de Ortopensatas;* 900 p.; *Associação Internacional Editares;* Foz do Iguaçu, PR: 2014; páginas 99, 1069, 1179, 1210, 1381 e 1420.

51. **Idem;** *200 Teáticas da Conscienciologia;* Instituto Internacional de Projeciologia e Conscienciologia; Rio de Janeiro, RJ; 1997; páginas 57 e 148.

52. **Idem;** *Manual da Tenepes;* Instituto Internacional de Projeciologia e Conscienciologia; Rio de Janeiro, RJ; 1996; páginas 11, 19 e 97.

53. **Idem;** *Nossa Evolução.* 169 p.; 3ª Ed.; *Associação Internacional Editares;* Foz do Iguaçu, PR; 2010; página 53.

54. **Idem;** *Homo sapiens pacificus;* 1584 p.; *Associação Internacional do Centro de Altos Estudos da Conscienciologia* (CEAEC) & *Associação Internacional Editares;* Foz do Iguaçu, PR; 2007; páginas 177 e 836.

55. **Idem;** *Manual da Proéxis;* 174 p.; 3ª Edição; *Instituto Internacional de Projeciologia e Conscienciologia;* Rio de Janeiro, RJ; 2003; páginas 128,129 e 131.

56. **Idem;** *Homo sapiens reurbanizatus;* 1584 p.; *Associação Internacional do Centro de Altos Estudos da Conscienciologia* (CEAEC); Foz do Iguaçu, PR; 2003; páginas 126, 210, 836, 986, 987 e 1018.

57. **Idem;** *Manual dos Megapensenes Trivocabulares;* 378 p.; *Associação Internacional Editares;* Foz do Iguaçu, PR; 2009; página 273.

58. **Idem;** *Projeções da consciência: diário de experiências fora do corpo físico;* 224 p.; 5ª. Ed.; *Instituto Internacional de Projeciologia e Conscienciologia;* Rio de Janeiro, RJ; 1994; página 201.

59. **Idem;** *Projeciologia: Panorama das Experiências da Consciência Fora do Corpo Humano;* 1232 p.; 4ª Ed.; *Instituto Internacional de Projeciologia e Conscienciologia;* Rio de Janeiro, RJ; 1999; páginas 115, 121, 224, 287, 312, 340, 561, 562, 923 e 977.

60. **Idem;** *700 Experimentos da Conscienciologia;* 1023 p.; Rio de Janeiro, RJ; 1ª Ed.; *Instituto Internacional de Projeciologia e Conscienciologia;* 1994; páginas 386 e 496.

61. **Viorst,** Judith; *Perdas necessárias;* 335 p.; 18ª Ed.; *Melhoramentos;* São Paulo, SP; 1986; página 292.

62. **Zolet,** Lilian; *Parapsiquismo na infância: perguntas e respostas;* 256 p.; *Associação Internacional Editares;* Foz do Iguaçu, PR; 2014; páginas135 e 185.

BIBLIOGRAFIA CONSULTADA

01. **Barrett,** T.R.; & Watkins, S.K.; ***Word familiarity and cardiovascular health as determinants of age-related diferences;*** *Journal of Gerontology;* 1986.

02. **Begley,** Sharon; Richard-s. Davidson, PhD.; ***O Estilo Emocional do Cérebro;*** *Editora Sextante;* Rio de Janeiro, RJ; 2012.

03. **Cosenza;** Ramonn; ***Neurociência e Educação como o cérebro aprende;*** *Editora Bookman;* Biblioteca Setorial ICBS.

04. **Couto,** Cirleine; ***Inteligência evolutiva cotidiana;*** *Associação Internacional Editares;* Foz do Iguaçu, PR; 2014.

05. **Dalgarrondo,** Paulo; ***Evolução do Cérebro;*** *Artemed;* São Paulo, SP; 2011.

06. **Damásio,** Antônio; ***O Livro da Consciência: a construção do cérebro consciente;*** 1ª edição; *Círculo de leitores e temas e debates;* Lisboa, Portugal; 2010.

07. **Damásio,** Antônio; ***E o Cérebro criou o Homem;*** *Companhia das Letras;* São Paulo, SP; 2009.

08. **Daou,** Dulce; ***Autoconsciência e Multidimensionalidade;*** 296 p.; 1ª. Edição; *Associação Internacional Editares;* Foz do Iguaçu, PR; 2005.

09. **Goleman,** Daniel; ***O cérebro e a inteligência emocional: novas perspectivas;*** 206 p.; tradução Carlos Leite da Silva; *Objetiva;* Rio de Janeiro, RJ; 2012.

10. **Hanson,** Rich; & **Mendius,** Richard; ***O Cérebro de Buda: Neurociência prática para a felicidade;*** 269 p.; *Alaude Editorial;* São Paulo, SP; 2012.

11. **Herculano-Houzel,** Suzana; ***Revista: Mente e Cérebro;*** 206 p.; 2009.

12. **Katz,** C. Lawrence; Manning Rubin; ***Mantenha o Cérebro Vivo;*** 160 p.; *Editora Sextante;* Porto Alegre, RS; 2000.

13. **Lourenço**, Filipa; ***O Cérebro e suas funções cognitivas;*** 2014. disponível em: <http://www.blog.estimulopraxis.com/?p=613>; acesso em: 20 maio 2015.

14. **Pinheiro** Júnior, Ismael; ***O Paracérebro****: novos horizontes para a medicina; Editora da Puc;* Goiânia, GO, 2010.

15. **Stagner,** R.; ***Aging in industry;*** In J.E. Birren & K.W. Schaie (Eds) Handbook of psychology of aging; New York, Van Nostrand Reinhold; 1985.

ÍNDICE REMISSIVO

GLOSSÁRIO CONSCIENCIOLÓGICO

O presente glossário foi elaborado a partir dos conceitos apresentados pelo pesquisador Waldo Viera (1932–2015), nos tratados científicos *700 Experimentos da Conscienciologia* (1994), *Projeciologia: Panorama das Experiências da Consciência Fora do Corpo Humano* (1999), *Homo sapiens reurbanisatus* (2004), *Homo sapiens pacificus* (2007), *Enciclopédia da Conscienciologia* (2013) e *Dicionário de Argumentos da Conscienciologia* (2014).

Abertismo consciencial – Condição avançada da conscin neofílica com abertura *omnilateral* da autopensenidade ao conhecimento quanto à evolução da consciência, capaz de executar intencionalmente, com a própria vida, técnicas evolutivas avançadas da Conscienciologia, por exemplo, a Cosmoeticologia, a invéxis, a tenepes e a desperticidade.

Ambientex – Ambiente extrafísico é o local ou meio onde a conscin projetada se manifesta fora do corpo humano e do mundo geográfico tridimensional, esfera ou dimensão de vida além da dimensão intrafísica da personalidade e até mesmo durante o estado da vigília física ordinária.

Amparador extrafísico – Consciência benfazeja e auxiliadora de consciência humana (conscin) ou de várias consciencias humanas ao mesmo tempo, quando afins ao nível de evolução, notadamente durante projeções extrafísicas, abrangendo a influência benéfica em toda a vida intrafísica da personalidade e até mesmo durante o estado da vigília física ordinária.

Assediador extrafísico – Consciência extrafísica promotora da condição patológica de assedialidade extrafísica, ação negativa ou perseguição insistente, direta ou indiretamente, de qualquer natureza, sobre outras consciências.

Assim – É a assimilação simpática de energias conscienciais (ECs), pela vontade, ou ato básico de absorver temporariamente as energias conscienciais de outrem e perscrutar-lhe condições holossomáticas, parafisiológicas e parapatológicas, não raro com decodificação espontânea de conjunto de pensenes de outra ou até mesmo de outras consciências.

Assistenciologia – Especialidade da Conscienciologia que estuda as técnicas de amparo e auxílio interconsciencial, notadamente no que se refere aos seus efeitos para consciência considerada "inteira", holossomática e multidimensional com vistas à holomaturidade, um trabalho de solidariedade lúcida entre as consciências no caminho da mega fraternidade. É o subcampo científico da Conviviologia.

Autassédio – Condição ou estado da conscin emocional, intelectual e energeticamente predisposta a se molestar autopensenicamente, com insistência importuna e patológica sobre si mesma, sem qualquer higiene consciencial nem autodisciplina ideativa, constituindo o embasamento para todo tipo de hetero-assédio.

Autobilocação consciencial – É o ato do projetor (a) intrafísico encontrar e comtemplar o próprio corpo humano *cara a cara*, estando a consciência fora dele, sediada em outro veículo de manifestação consciencial.

Autoconsciencialidade – Qualidade do nível de autoconhecimento por parte da própria consciência: megaconhecimento.

Autoconscientização Multidimensional – É a condição de lucidez madura da conscin quanto à vida consciencial no estado evoluído da multidimensionalidade, alcançado através do poder da vontade (Voliciolina) promovendo as projeções conscientes (Projeciologia) em outras dimensões, fora da esfera das manifestações físicas

(Intrafisicologia), ou seja, por intermédio da projetabilidade lúcida (PL).

Automegaeuforização – É o estado energético provocado pela vontade decidida da consciência, conscin ou consciex, por meio da exaltação máxima das energias conscienciais da energosfera ou do holossoma, levando ao ápice homeostático da harmonização íntima do microuniverso consciencial, com expansão da consciência, gerando a aura de saúde, serenidade, tranquilidade, fraternidade e autodisposição para realização interassistencial, a partir do estado vibracional.

Autopensene – É o pensene da própria consciência.

Autorrevezamento consciencial – Condição avançada em que a consciência evolui entrosando uma existência intrafísica com outra, consecutivamente, ao modo dos elos de uma cadeia (seriéxis), dentro do ciclo multiexistencial (holobiografia).

Baratrosfera – É a dimensão extrafísica patológica da paratroposfera terrestre, usada como domicílio coletivo de consciexes anticosmoéticas, doentias, parapsicóticas e paracomatosas.

CCCI – *Comunidade Conscienciológica Cosmoética Internacional* é o conjunto de habitantes, reunião ou agrupamentos e a vida intrafísica, em comum, da sociedade de conscins conectadas pelos vínculos conscienciais da Conscienciologia, na continuidade diuturna, nesta dimensão humana, material ou terrestre.

CEE – *Central Extrafísica de Energia* é a parainstituição especializada, planejada e montada para estudar, manter e monitorar a energia consciencial (EC), ao modo de estação extrafísica de energias conscienciais, objetivando o abastecimento e a distribuição de energias terapêuticas, homeostatiantes, na assistência efetiva a outras consciências, sob a supervisão direta do Colégio Invisível dos Serenões (Vieira, 2010).

Ciclo multiexistencial pessoal (CMP) – Intervalo de tempo durante o qual se completa a sequência da sucessão, regularmente recorrente, de eventos ou fenômenos do sistema ou condição de alternância continuada, multissomática e multimilenar, no atual nível evolutivo consciencial médio, do período do renascimento intrafísico (pré-ressomática) da consciex na vida humana com outro período de pós-desativação somática (dessoma; pós dessomática), extrafísico, dessoma ou volta da conscin à *intermissão*.

Clariaudiência – Capacidade relativa às conscins parapsíquicas audientes, sensitivas ouvintes ou clarividentes, em captar, perceber mensagens telepáticas, para eles, no caso, às vezes sonoras, enviadas ou emitidas pelas consciexes e conscins projetadas.

Clarividência – Capacidade parapsíquica de captar, perceber ou sentir determinado padrão de energia consciencial, seja referente a objeto, ambiente ou consciência, localizada na dimensão intrafísica ou extrafísica, estando cronologicamente no passado, presente ou futuro, e transformar esta percepção energética em imagem.

Código pessoal de Cosmoética – É a compilação sistemática ou conjunto de normas de retidão, ortopensenidade e autocomportamento policármico do mais alto grau moral, criado e seguido pela consciência mais lúcida, em qualquer dimensão existencial.

Completismo existencial (compléxis) – rara condição na qual a consciência pré-serenona, mas de exceção, consegue realizar, razoavelmente, as atribuições que lhe foram conferidas em sua vida na Terra (proéxis), aproveitando as potencialidades evolutivas que o soma lhe ofereceu.

Comunex – É a comunidade extrafísica, agrupamento parapopulacional ou reunião e vida em comum de consciexes em dimensão extrafísica específica.

Con – Unidade de medida hipotética do nível de lucidez da conscin ou consciex.

Conscienciograma – Planilha técnica das medidas avaliativas do nível de evolução da consciência, o megateste consciencial tendo como modelo o *Homo sapiens serenissimus*, representando 100% da escala evolutiva, responsável pela conta-corrente egocármica, positiva, exemplar.

Conscienciologia – Ciência que estuda a consciência de modo integral, holossomático, multidimensional, multiexistencial e, sobretudo, conforme suas reações perante as EIs e as ECs, bem como em seus múltiplos estados.

Consciex – É a consciência extrafísica, o paracidadão ou paracidadã da Sociedade Extrafísica.

Conscin – Consciência intrafísica, é a consciência quando vivendo no corpo humano; homem ou mulher.

Consréu – É aquela consciência extrafísica de paragenética patológica compulsoriamente deslocada – por atuação das reurbanizações extrafísicas promovidas por serenões e Evoluciólogos da comunidade extrafísica patológica (baratrosfera), onde estava há séculos, para uma comunidade extrafísica de transição, relativamente mais evoluída, a fim de se preparar para ressomar na Terra, ou ainda, em casos mais graves, sofrer a transmigração imposta para outro planeta de evolução intrafísica inferior a este.

Continuísmo consciencial – Condição da inteireza – sem brechas – na continuidade da vida consciencial através da previsão providencial e do autorrevezamento evolutivo, ou seja: a emenda desta vivência do momento, às vivências imediatamente anterior e posterior, incessantemente, em um todo coeso e único, sem solução de continuidade nem experiências estanques.

Cosmoconsciência – É a condição ou percepção interior da consciência do cosmo, da vida e da ordem do Universo, em uma exaltação intelectual e cosmoética impossível de descrever, quando a consciência sente a presença viva do universo e se torna una com ele, em uma unidade indivisível.

Cosmograma – É a planilha técnica para determinação valorativa das realidades do Universo, filtradas pelos princípios multidimensionais da Conscienciologia, através da associação máxima de ideias ou visão de conjunto, a partir dos fatos alcançados e envolvendo o holopensene da conscin auto e heterocrítica.

Curso Intermissivo – Conjunto de disciplinas, ensinadas de acordo com programas traçados em série de aulas e experiências teáticas, administradas à consciex depois de determinado nível evolutivo lúcido, durante o período da intermissão consciencial (Intermissiologia, Extrafisicologia), dentro do ciclo de existências humanas pessoais, objetivando o completismo consciencial (compléxis) da programação existencial (proéxis), na próxima vida intrafísica.

Descoincidência vígil – Condição parapsíquica da conscin – projetor ou projetora – em que a mesma se percebe com psicossoma fora do estado da coincidência, em plena vigília física ordinária, sem sentir-se completamente integrada ao soma, gerando a intensificação de parapercepções e fenômenos energéticos e parapsíquicos.

Desperticidade– É a qualidade consciencial do ser desperto (*des+per + to*), ser intrafísico dessassediado, permante, total, plenamente autoconsciente da sua qualidade de desperticidade.

Dessoma – Desativação somática, próxima e inevitável para todas as conscins; projeção final; *primeira morte;* morte biológica; monotanatose. A dessoma (simplesmente) ou *primeira dessoma* é a desativação do corpo humano ou soma. A segunda dessoma é a desativação do holochacra. A terceira dessoma é a desativação do psicossoma.

Energia consciencial – É a energia imanente empregada pela consciência nas pensenizações ou manifestação em geral.

Energia imanente (EI) – Energia primária, vibratória, essencial, multiforme, impessoal, difusa e dispersa em todos os objetos ou *realidades* do Universo, de modo onipotente, ainda indomada pela consciência humana, e demasiadamente sutil para ser descoberta e detectada pelos atuais instrumentos tecnológicos.

Energossoma – Paracorpo energético da consciência humana.

Equipex – Conjunto de consciências extrafísicas gabaritadas, afinizadas e interatuantes operacionalizando os empreendimentos evolutivos interdimensionais.

Euforex – Condição de euforia extrafísica, após a desativação somática, gerada pelo cumprimento razoável da proéxis; euforia *post-mortem*; paraeuforia; euforia pós-somática.

Evoluciólogo – Consciência coadjutora da coordenação inteligente da programação existencial (proéxis), evolução individual ou de todo o grupo de consciências componentes do megagrupocarma.

Experimentologia – Especialidade da Conscienciologia aplicada aos estudos técnicos dos experimentos evolutivos da consciência em todas as formas, naturezas e categorias.

Extrafísico – Relativo àquilo que esteja fora, ou além, do estado *intra*físico ou humano; estado consciencial *menos* físico do que o soma.

Extrafisicologia – Especialidade da Conscienciologia aplicada aos estudos técnicos das relações e vivências da conscin em outras dimensões, além da intrafisicalidade.

Extrapolacionismo - Estudo aplicado às experiências de extrapolações evolutivas, esporádicas, obviamente não habituais nem rotineiras, da consciência em qualquer nível evolutivo, em relação ao próprio nível atual, ou imediatamente superior ou outro mais avançado.

Ficha evolutiva pessoal (FEP) – Registro extrafísico, conjunto ordenado das informações e caracteres mais íntimos e detalhistas das manifestações pensênicas essenciais, relativo às autovivêcias ou ao microuniverso de todo princípio consciencial, sempre atualizada ou preenchida paratecnologicamente sob a responsabilidade do Evoluciólogo, ou orientador evolutivo extrafísico, do grupocarma.

Fitoenergia – É o conjunto de energias presente e irradiada pelos vegetais.

Força presencial – É o magnetismo ou a eletricidade humana derivada da psicosfera ou holopensene específico da pessoa, compondo o conjunto de manifestações pensênicas, holossomáticas, notadamente com energias conscienciais exteriorizadas, de modo consciente ou inconsciente, influenciando cosmoética ou anticosmoeticamente esta e outras dimensões conscienciais.

Gescon – É a produtividade evolutiva, cosmoética e útil da conscin. Centrada na concentração de obras de fraternidade vivida de neoideias libertárias. Dentro do quadro de obras pessoais da programática mais avançada da proéxis.

Heteroassédio – Condição ou estado da conscin emocional, intelectual e energeticamente submissa ao assédio ou insistência impertinente, de outra consciência inconsciente, energívora, ou consciente mal-intencionada.

Heteropensene – O pensene de outrem em relação a nós.

Holobiografia – Conjunto dos arquivos pessoais da evolução multidimensional da consciência ao longo da seriéxis.

Holomaturidade – É a qualidade de madurez consciencial integrada – biológica, psicológica, holossomática, e multidimensional – da consciência humana.

Holomemória – memória integral – total. Contínua, multimemória ou polimemória – é fonte de identidade consciencial que, um dia, empregaremos com lucidez, eficácia e cosmoética a todo o momento. Sem maiores esforços. Esta holomemória é multiexistencial, multimilenar e multidotada, o nosso megarrepositório quanto às vivências.

Holopensene – É a atmosfera pensênica ou ambiente intrafísico fixador do conjunto de pensenes agregados ou consolidados, seja da conscin apenas ou de todo grupo evolutivo.

Holossoma – Conjunto dos veículos de manifestação da conscin: soma, energossoma, psicossoma e mentalsoma; e da consciex: psicossoma e mentalsoma.

Holossomatologia – Estudo específico do holossoma. É uma especialidade da Conscienciologia.

Homeostase geral – Processo de regulação pelo qual a via cósmica pode manter constante o estado do próprio equilíbrio ou a homeostasia entre os princípios conscienciais.

Homeostase holossomática – Estado integrado, hígido, de harmonia do holossoma.

Homo sapiens serenissimus – Consciência quando na vivência integral da condição do serenismo lúcido. Sinônimo de emprego popular: *Serenão*.

IC – *V. Instituição Conscienciocêntrica.*

Impactoterapia – É o processo terapêutico evoluído empregado cosmoeticamente, a verdade relativa de ponta como remédio ou *técnica cirúrgica* para dar *choque mentalsomático* do heterodiscernimento consciencial, racional, nas conscins misoneístas, neofóbicas, *leitores de cabresto*, componentes de algum público dirigido, constituindo pelos portadores da robéxis, cronificada, e liderados por personalidades anticosmoéticas, autocráticas, fanáticas, dogmáticas, defensoras de verdades absolutas, ultrortodoxas ou fundamentalistas se julgando *donas da verdade* ou acima do bem e do mal.

Instituição Conscienciocêntrica – É aquela concentradora das atividades nas autopesquisas da consciência e na reeducação consciencial, a partir da razão social e dos estatutos legais transparentes, sendo intrínseca cosmoética e consciencialmente sadia.

Inteligência evolutiva – É a capacidade de apreender, aprender ou compreender e adaptar-se à vida humana, com bases na aplicação e expansão teática, autoconsciente, do mecanismo da evolução consciencial racional, inclusive a autevolução lúcida, na dinamização do próprio desempenho autopensênico e cosmoético.

Interassistencialidade – É a vivência da assistência interconsciencial, mútua, fundamental notadamente na reeducação por intermédio da tarefa do esclarecimento (tares), inteligência evolutiva (IE), Cosmoética, policarmalidade e no princípio cósmico de "quem é menos doente assiste o mais doente".

Interiorose – Qualidade, condição ou estado cronificado do interiorota, homem ou mulher, superradicado e circunscrito a pequeno burgo, seja aldeia, bairro, subúrbio retirado ou área rural, do Interior do país, sem coragem nem estímulos para encarar a cosmovisão da vida além desse limite acanhado.

Intermissão – Período extrafísico da consciência entre duas das suas vidas intrafísicas.

Intermissiologia – Especialidade da Conscienciologia relativa aos estudos do período de intermissão da consciência em evolução, compreendido entre duas de suas vidas intrafísicas, dentro do seu ciclo existencial.

Intermissivista – A consciex aluna ou ex-aluna de algum Curso Intermissivo (CI) pré ressomático, contudo, no universo da Conscienciologia, é, especificamente, a conscin, homem ou mulher, ex-aluna autoconsciente quanto aos próprios compromissos e deveres evolutivos, variegados, acordados durante as vivências do período da pré-natalidade intermissiva, por intermédio da assistência direta do Evoluciólogo atuante naquela oportunidade.

Intraconsciencialidade – Qualidade das manifestações específicas da intimidade da consciência.

Intrafisicalidade – Condição da vida intrafísica, humana, ou da existência da consciência humana.

Materpensene – É a ideia mãe, a matriz de todo desenvolvimento de tese, teoria ou ensaio, *o leitmotiv*, o pilar mestre ou o pensene predominante em qualquer holopensene.

Megaeuforização – É o estado energético provocado pela vontade decidida da consciência conscin ou consciex, por meio da exaltação máxima das energias conscienciais da energosfera ou do holossoma, levado ao ápice homeostático da harmonização íntima do microuniverso consciencial com expansão da consciência, gerando a aura de saúde, serenidade, tranquilidade, fraternidade universal, ápice de plenitude e autodisposição para a realização interassistencial, a partir do estado vibracional (EV).

Megatrafor – o maior traço-força ou megatalento, predominante na estrutura do microuniverso da consciência.

Mentalsoma – É o corpo mental ou paracorpo do discernimento da consciência; veículo de manifestação mais sofisticado.

Multidimensionalidade – Condição inerente à consciência, seja conscin ou consciex, vivendo sempre, inevitavelmente, atuando, ao mesmo tempo, de modo consciente ou inconsciente, em "n" dimensões existenciais.

Multiexistencialidade – É a qualidade da condição de autoconsciência e vivência continuadas da consciência quanto às múltiplas vidas, entrosadas entre si, através do tempo.

Oficina extrafísica – V. Ofiex.

Ofiex – É a oficina extrafísica. É a instalação física-extrafísica atuante na heterassistencialidade diária, avançada, do tenepessista veterano, homem ou mulher na condição de epicon intrafísico representando tal oficina, mais evoluída, equivalente à base humana, doméstica, da conscin.

Ortopensenidade – Qualidade, o ato ou efeito da manutenção da autopensenidade caracterizada pelo predomínio constante dos ortopensenes, os pensenes retos ou cosmoéticos, compondo a condição própria da holomaturidade da consciência, conscin ou consciex, e a *unidade da Cosmoeticologia Prática*.

Para – Prefixo empregado em palavras para significar *além de, ao lado de*, a exemplo de *paracérebro*. Significa também *extrafísico*.

Paracérebro – É o cérebro extrafísico do psicossoma da consciência nos estados extrafísico (consciex), intrafísico (conscin) e projetado, quando através do psicossoma.

Paracicatriz – Marcas deixadas no psicossoma pelas experiências emocionais negativas ao longo das fieiras de vidas.

Paracidadão(ã) – É a consciex habitante de alguma comunidade extrafísica.

Paradever – Condição da consciência lúcida dos próprios compromissos normas, princípios e paraleis justas, íntegras e retas, firmados com o desenvolvimento autoconsciente da evolução pessoal entrosada à evolução do grupo evolutivo.

Paradidática – É o subcampo da Parapedagogia dedicado aos preceitos científicos capazes de orientar a atividade paraeducativa, ao modo de torná-la mais eficaz.

Paradigma Consciencial – É a Teoria Líder da Conscienciologia fundamentada na própria consciência.

Paradireito – Ciência aplicada aos estudos técnicos, paratécnicos, pesquisas e parapesquisas teáticas do conjunto de normas, princípios e *paraleis* das manifestações conscienciais ou pensenizações justas, íntegras e retas, conforme o fluxo cosmoético e sincrônico do Cosmos, a partir do emprego correto da energia imanente (EI), na vivência e paravivência da megafraternidade.

Parafato – Fenômenos, ocorrências, eventos ou adventos extrafísicos relativos à consciência, conscin ou consciex.

Parafenômeno – É a ocorrência de natureza parapsíquica, energética, holossomática ou mesmo projetiva.

Parafisiologia – Fisiologia dos veículos de manifestação da consciência, excluído o corpo humano ou soma. É uma especialidade da *Conscienciologia*.

Paragenética – Especialidade da Conscienciologia aplicada aos estudos e pesquisas da Genética composta e integral, abarcando todas as heranças holossomáticas da consciência, através do psicossoma e do mentalsoma, dos retrossomas das vidas anteriores (retrovidas) ao atual embrião humano na condição de conscin.

Parapatologia – Patologia dos veículos de manifestação da consciência, excluindo o corpo humano ou soma. É especialidade da *Conscienciologia*.

Parapensene – É o pensene específico da consciência extrafísica ou da conscin projetada.

Parapercepção – *V. Parapsiquismo.*

Parapercepciologia – Especialidade da Conscienciologia aplicada aos estudos e pesquisas das parapercepções ou do parapsiquismo da consciência, além das perceptibilidades adstritas ou próprias do corpo humano (soma), fenômenos decorrentes e consequências evolutivas.

Paraprocedência – A base extrafísica, original, pessoal, de onde cada consciência intrafísica (conscin) procede, antes da ressoma, durante o período pré-ressomático, quando estava na condição da consciência extrafísica (consciex).

Parapsiquismo – É a condição da consciência humana (conscin) capaz de vivenciar parapercepções além dos sentidos do corpo físico.

Paratroposfera – É a dimensão extrafísica troposfera, camada circundante à superfície terrestre.

Patopensene – É o pensene patológico, pecadilho mental, específico da amência consciencial ou da consciência intoxicada pela Anticosmoética.

Pensene – É a unidade de manifestação prática da consciência, segundo a Conscienciologia, considerando o *pensamento* ou ideia (concepção), o *sentimento* ou emoção, e a *energia* consciencial em conjunto, de modo indissociável.

Pensenologia – Especialidade da Conscienciologia aplicada aos estudos e pesquisas dos pensenes (pensamentos, sentimentos e energias).

Policarma – É o princípio de causa e efeito, atuante na evolução da consciência, quando centrado no senso e vivência da maxifraternidade cósmica, além do egocarma e grupocarma.

Pré-serenão – Consciência humana, conscin, homem ou mulher (pré-serenona), ou consciência extrafísica, consciex, comum, vulgar, ainda distante (25%) da vivência da condição (100%) do serenismo lúcido da Serenologia ou do nível racional do Serenão *(Homo sapiens serenissimus)*, o modelo evolutivo para a Humanidade.

Precognição – Faculdade perceptiva pela qual a consciência fica conhecendo fatos indeterminados vindouros inclusive objetos, cenas e formas distantes, no tempo futuro.

Pré-Intermissiologia – Ciência aplicada aos estudos específicos e vivências da conscin intermissivista com iniciativa de começar, desde a vida intrafísica a se preparar intraconsciencialmente para assistir consciexes mais afins da Baratrosfera, deixada anteriormente, por si, para trás, quando chegar à segunda dessoma, em futuro próximo.

Primener – Primavera energética; condição pessoal, mais ou menos duradoura, de apogeu das ECs sadias e construtivas.

Princípio da Descrença – É a proposição fundamental e insubstituível da abordagem da Conscienciologia às realidades, em geral, do Cosmos, em qualquer dimensão, recusando a consciência pesquisadora e refutadora todo e qualquer conceito de modo apriorista, dogmático, sem demonstração prática ou reflexão demorada, confronto da causação lógica e a plenitude da racionalização pessoal.

Priorologia – Ciência aplicada aos estudos técnicos ou pesquisas dos atos ou efeitos dos primados das priorizações evolutivas da consciência.

Proéxis – É a programação existencial, evolutiva e pessoal do indivíduo, estabelecida na dimensão extrafísica, antes deste mesmo indivíduo entrar no funil do restringimento da vida humana ou no renascimento na intrafisicalidade.

Projeção Lúcida – *V. Projeção Consciente.*

Projeção de Mentalsoma – É o estado de expansão máxima da consciência em nível de mentalização suprarracional e suprassensória.

Projeciologia – Especialidade da Conscienciologia que estuda as projeções da consciência e seus efeitos, inclusive as projeções das energias conscienciais para fora do holossoma. É um subcampo científico da Comunicologia (interdimensionalidade).

Projetabilidade lúcida – Qualidade parafisiológica, projetiva, lúcida da consciência, capaz de descoincidir-se ou tirar os seus veículos de manifestação da condição de alinhamento do holossoma, inclusive através da impulsão da vontade.

Psicossoma – É paracorpo emocional da consciência; corpo objetivo da conscin.

Recéxis – É a construção técnica de mudanças substanciosas, para melhor, na vida intra e extrafísica da personalidade humana, tendo em vista a evolução cosmoética;

Reciclagem existencial – *V. Recéxis.*

Reciclagem intraconsciencial – *V. Recin; V. Recéxis.*

Reciclagem existencial - Conscin aplicante da técnica evoluída da reciclagem existencial (recéxis) na atual vida humana visando à aceleração evolutiva.

Reciclante existencial – Conscin que se dispõe a realizar a recéxis.

Recin – Reciclagem intraconsciencial ou a renovação cerebral da consciência humana (conscin) através da criação de neosinapses ou conexões interneuroniais (neuroglias).

Ressoma – Renascimento somático da consciex que passa para a condição temporária de conscin, ou sai da extrafisicalidade para a intrafisicalidade.

Restringimento intrafísico – Afunilamento dos atributos pessoais imposto à consciência renascida na Terra.

Retrocognição – Faculdade perceptiva pela qual a pessoa humana passa a conhecer fatos, cenas, formas, objetos e vivências pertencentes ao tempo passado distante, comumente relacionado à holomemória.

Retrovida – Existência humana anterior, recente ou remota, à vida atual da conscin.

Reurbanização extrafísica – *V. Reurbex.*

Reurbex – Reurbanização extrafísica é a mudança para melhor dos ambientes e comunidades extrafísicas doentias, anticosmoeticamente degradados, patrocinada pelos Serenões, com a finalidade de higienizar o holopensene intrafísico das áreas das Socins sobre as quais exercem influência antievolutiva e deletéria para a Humanidade.

Serenão – Nome popular do *Homo sapiens serenissimus.*

Serenologia – Ciência aplicada aos estudos dos Serenões, de modo geral.

Serialidade – Qualidade da consciência sujeita à seriéxis.

Seriéxis – O termo *seriéxis* refere-se à seriação existencial evolutiva da consciência, por meio da qual ela passa por existências sucessivas com renascimentos intrafísicos em série.

Seriexologia – É a especialidade da Conscienciologia que se dedica à pesquisa da seriéxis ou serialidade consciencial.

Sinalética Energética Parapsíquica Pessoal (SEPP) – É a existência, identificação e emprego autoconsciente dos sinais energéticos, anímicos, parapsíquicos e personalíssimos, que toda conscin possui.

Sinalética parapsíquica – Existência, identificação, registro e emprego autoconsciente dos sinais anímicos, energéticos, parapsíquicos e personalíssimos, ou a percepção transcendente, indiscutível, da presença de consciexes ou de ocorrências extrafísicas, parafatos e parafenômenos em torno da pessoa parapercipiente na vigília física ordinária ou da conscin projetada, fora do soma, com lucidez.

Sociex - Sociedade extrafísica ou das consciexes, dentro das pesquisas da Extrafisicologia.

Socin – Sociedade intrafísica, humana, ou das conscins, um arremedo das realidades das sociexes das dimensões evolutivamente avançada.

Soma – Corpo humano.

Tacon – É a tarefa da consolação, assistencial, pessoal ou grupal, primária, dentro da interassistencialidade evoluída da consciência.

Taquipensene – O pensene de fluxo rápido, próprio da conscin taquipsíquica.

Tares – Tarefa do esclarecimento, ou vivência alerta da assistencialidade racional, libertária, científica e cosmoética, no mais alto grau, a favor das consciências.

Teática – Vivência conjunta da teoria e da prática por parte da conscin ou da consciex.

Tenepes – Tarefa energética pessoal diária, multidimensional, com assistência permanente de amparadores, a longo prazo ou o restante da vida intrafísica.

Tenepessista – Conscin praticante da tarefa energética pessoal, diária, tenepes.

Tertúlia conscienciológica – Agrupamento, reunião informal, espontânea ou assembleia de pesquisadores afins, homens e mulheres, para debater temas do momento, fazer análises rápidas e obter consensos transitórios de neopesquisas, hipóteses e teorias, através do Curso de Longo Curso, gratuito, diário, sem pré-requisitos, durante duas horas, com abordagens e temas inéditos, atuais de interesse comum, teáticos, circulares e avançados da Conscienciologia.

Tertuliarium – Ambiente tecnicamente preparado para a transmissão diária das tertúlias e demais atividades tarísticas de ponta.

Trafal – Traço faltante à personalidade do ser humano, no caso, traço-força ou trafor, para completar o quadro pessoal, razoável, conscienciométrico, do próprio nível evolutivo.

Trafar – Traço-fardo da personalidade da conscin, componente negativo da estrutura do microuniverso consciencial, capaz de impedir-lhe a evolução autoconsciente.

Trafor – Traço-força da personalidade da conscin, componente positivo de estrutura do microuniverso consciencial, capaz de impulsionar-lhe a evolução autoconsciente.

Trasmigraciologia Extrafísica – Ciência, especialidade da Conscienciologia, aplicada ao estudo das transmigrações interplanetárias das consciências extrafísicas com mudanças da paraprocedência e novo estabelecimento do domicílio posterior, intrafísico. Planetário, de consciexes chegando, incessantemente, a este planeta, e saindo daqui para outros habitados, sob a orientação de evoluciólogos e Serenões.

Universalismo – Conjunto de ideias derivadas da universalidade das leis básicas da Natureza e do Universo e que, através da evolução natural da consciência, torna-se inevitavelmente, a sua filosofia dominante; cosmismo.

Verbação – Técnica da vivência humana pela interação teórica da fala com ou verbo e consequente manifestação prática, atitude ou ação, no comportamento pessoal coerente da cotidianidade.

Verbete – É a palavra ou expressão compondo o conjunto da definição, acepção, exemplos e outras informações estruturais respeitantes ao vocábulo – ou item lexical predominantemente de conteúdo ou quanto a forma, contido na organização alfabética das entradas da Enciclopédia da Conscienciologia (Vieira, 2010).

Zona de Conforto – É o local ou condição na qual a consciência se sente em bem-estar e em segurança satisfatória. A qualidade da intenção e os efeitos evolutivos dessa condição podem ser sadios ou doentios, aqui usado no sentido patológico e como sinônimo de estagnação.

SOBRE A AUTORA

Selma Corrêa Prata-25/11/1940, nasceu em Uberaba, MG, Brasil. Graduada em História , Pedagogia, Especialização em Orientação Educacional. Acessou a Conscienciologia em 1997, em Uberaba, MG, por meio do Instituto Internacional de Projeciologia e Conscienciologia (IIPC). Docente de Conscienciologia, desde 1999. Tenepessista desde 1997. Verbetógrafa.

INSTITUIÇÕES CONSCIENCIOCÊNTRICAS (ICS)

ICs. As Instituições Conscienciocêntricas (ICs) são organizações cujos objetivos, metodologias de trabalho e modelos organizacionais estão fundamentados no *Paradigma Consciencial.* A atividade principal das ICs é apoiar a evolução das consciências através da *tarefa do esclarecimento* pautada pelas *verdades relativas de ponta,* encontradas nas pesquisas no campo da Ciência Conscienciologia e especialidades.

Voluntariado. Todas as Instituições Conscienciocêntricas são associações independentes, de caráter privado, sem fins de lucro e mantidas predominantemente pelo trabalho voluntário de professores, pesquisadores, administradores e profissionais de diversas áreas.

CCCI. O conjunto das Instituições Conscienciocêntricas e dos voluntários da Conscienciologia no planeta compõe a *Comunidade Conscienciológica Cosmoética Internacional* (CCCI) formada atualmente por 25 ICs, incluindo a *Associação Internacional Editares.*

AIEC – Associação Internacional para Expansão da Conscienciologia
> **Fundação:** 22/04/2005
> **Sede:** Av. Felipe Wandscheer, 6.200, sala 111, Cognópolis
> Foz do Iguaçu, Paraná, Brasil, CEP: 85856-530
> **Tel.:** +55 (45) 2102-1411
> *Site:* www.worldaiec.org
> **Contato:** aiec.comunicacao@gmail.com
> *Campus Discernimentum:* Av. Felipe Wandscheer, 6.200, sala 201
> Cognópolis, Foz do Iguaçu, Paraná, Brasil, CEP: 85856-530
> **Tel.:** +55 (45) 2102-1400
> **Contato:** contato@discernimentum.org

APEX – Associação Internacional da Programação Existencial
> **Fundação:** 20/02/2007
> **Sede:** Rua da Cosmoética, 1.635, Cognópolis, Caixa Postal 921, Centro
> Foz do Iguaçu, Paraná, Brasil, CEP: 85853-755
> **Tel.:** +55 (45) 3525-2652 – Fax: +55 (45) 3525-5511
> *Site:* www.apexinternacional.org
> **Contato:** contato@apexinternacional.org

ARACÊ – Associação Internacional para Evolução da Consciência
Fundação: 14/04/2001
Campus **ARACÊ:** Rota do Conhecimento, Km 7, acesso pela BR-262
Km 87, Distrito de Aracê, Domingos Martins, Espírito Santo, Brasil
Endereço para correspondência: Caixa Postal 110, Pedra Azul
Domingos Martins, Espírito Santo, Brasil, CEP: 29278-000
Tel.: +55 (27) 9739-2400
Site: www.arace.org
Contato: associacao@arace.org

ASSINVÉXIS – Associação Internacional de Inversão Existencial
Fundação: 22/07/2004
Campus **de Invexologia:** Av. Maria Bubiak, 1.100, Cognópolis
Foz do Iguaçu, Paraná, Brasil, CEP: 85853-728
Tel.: +55 (45) 3525-0913
Site: www.assinvexis.org
Contato: contato@assinvexis.org

ASSIPEC – Associação Internacional de Pesquisas da Conscienciologia
Fundação: 14/08/2011
Sede: Rua XV de Novembro, 1.681, Vila Municipal
Jundiaí, São Paulo, Brasil, CEP: 13201-006
Tel.: +55 (11) 4521-8541
Site: www.assipec.org
Contato: assipec@assipec.org

ASSIPI – Associação Internacional de Parapsiquismo Interassistencial
Fundação: 29/12/2011
Sede: Av. Felipe Wandscheer, 6.200, sala 212, Cognópolis
Foz do Iguaçu, Paraná, Brasil, CEP: 85856-530
Tel.: +55 (11) 2102-1421 – VOIP: +55 (45) 4053-9818
Site: www.assipi.org
Contato: assipi@assipi.com

CEAEC – Associação Internacional do Centro de Altos Estudos da Conscienciologia

Fundação: 15/07/1995

Sede: Rua da Cosmoética, 1.635, Cognópolis, Caixa Postal 921, Centro

Foz do Iguaçu, Paraná, Brasil, CEP: 85853-755

Tel.: +55 (45) 3525-2652 – Fax:+55 (45) 3525-5511

Site: www.ceaec.org

Contato: ceaec@ceaec.org

COMUNICONS – Associação Internacional de Comunicação Conscienciológica

Fundação: 24/07/2005

Sede: Av. Felipe Wandscheer, 6.200, sala 206, Cognópolis

Foz do Iguaçu, Paraná, Brasil, CEP: 85856-530

Tel.: +55 (45) 2102-1409

Site: www.comunicons.org.br

Contato: comunicons@comunicons.org

CONSCIUS – Associação Internacional de Conscienciometria Interassistencial

Fundação: 24/02/2006

Sede: Av. Felipe Wandscheer, 6.200, casa 352, Cognópolis

Foz do Iguaçu, Paraná, Brasil, CEP: 85856-530

Tel.: +55 (45) 2102-1460

Site: www.conscius.org.br

Contato: conscius@conscius.org.br

CONSECUTIVUS – Associação Internacional de Pesquisas Seriexológicas e Holobiográficas

Fundação: 14/12/2014

Sede: Av. Felipe Wandscheer, 6.200, Casa 351, Cognópolis

Foz do Iguaçu, Paraná, Brasil, CEP: 85856-530

Tel.: +55 (45) 9807-1320

Site: www.consecutivus.com.br

Contato: consecutivus@consecutivus.com.br

COSMOETHOS – Associação Internacional de Cosmoeticologia
Fundação: 03/10/2015
Sede: Av. Felipe Wandscheer, 6.200, Sala 104, *Cosmoethicarium*
Cognópolis
Foz do Iguaçu, Paraná, Brasil, CEP: 85856-530
Tel.: 55 (45) 9 9129 4122
Site: www.cosmoethos.org.br
Contato: contato@cosmoethos.org.br

ECTOLAB – Associação Internacional de Pesquisa Laboratorial em Ectoplasmia e Paracirurgia
Fundação: 14/07/2013
Sede: Avenida Felipe Wandscheer, 6.200, sala 105, Cognópolis
Foz do Iguaçu, PR, Brasil, CEP: 85856-530
Telefone: +55 (45) 2102-1427
Site: www.ectolab.org
Contato: ectolab@ectolab.org

EDITARES – Associação Internacional Editares
Fundação: 23/10/2004
Sede: Av. Felipe Wandscheer, 6.200, sala 107, Cognópolis
Foz do Iguaçu, Paraná, Brasil, CEP: 85856-530
Tel.: +55 (45) 2102-1407
Site: www.editares.org.br
Contato: editares@editares.org

ENCYCLOSSAPIENS – Associação Internacional de Enciclopediologia Conscienciológica
Fundação: 21/12/2013
Sede: Rua da Cosmoética, 1.635, Cognópolis
Foz do Iguaçu, Paraná, Brasil, CEP: 85853-755, Caixa Postal 921
Tel.: +55 (45) 3525-2652 – Fax: +55 (45) 3525-5511
Site: www.encyclossapiens.org
Contato: contato@encyclossapiens.org

EVOLUCIN – ASSOCIAÇÃO INTERNACIONAL DE CONSCIENCIOLOGIA PARA INFÂNCIA
Fundação: 09/07/2006
Sede: Av. Felipe Wandscheer, 6.200, Cognópolis
Foz do Iguaçu, Paraná, Brasil, CEP: 85856-530
Tel.: +55 (45) 9909-6129
Site: www.evolucin.org
Contato: evolucin@gmail.com

IC TENEPES – ASSOCIAÇÃO INTERNACIONAL DE TENEPESSOLOGIA
Fundação: 11/06/2016
Sede: Felipe Wandscheer 6.200, Sala 205, Cognópolis
Foz do Iguaçu, Paraná, Brasil, CEP: 85856-530
Tel.: +55 (45) 9131-2855
Site: www.ictenepes.org

IIPC – INSTITUTO INTERNACIONAL DE PROJECIOLOGIA E CONSCIENCIOLOGIA
Fundação: 16/01/1988
Sede: Av. Felipe Wandscheer, 6.200, sala 103, Cognópolis
Foz do Iguaçu, Paraná, Brasil, CEP: 85856-530
Tel.: +55 (45) 2102-1448
Site: www.iipc.org.br
Contato: iipc@iipc.org.br
***Campus* de Pesquisas IIPC:** Estrada do Universalismo, 1.177
Sampaio Correa, Saquarema, Rio de Janeiro, Brasil
CEP: 28997-970
Tel.: +55 (22) 2654-1186
Contato: campussaquarema@iipc.org

INTERCAMPI – ASSOCIAÇÃO INTERNACIONAL DOS *CAMPI* DE PESQUISAS DA CONSCIENCIOLOGIA
Fundação: 23/07/2005
Sede: Av. Antonio Basílio, 3006, sala 602, Lagoa Nova
Natal, Rio Grande do Norte, CEP: 59056-005
Tel.: +55 (84) 3211-3126
Site: www.intercampi.org
Contato: intercampi@intercampi.org

INTERPARES – Associação Internacional de Aportes Interassistenciais

Fundação: 15/05/2016

Sede: Rua da Cosmoética, 1635, sala 11, Cognópolis

Foz do Iguaçu, Paraná, Brasil, CEP: 85853-755

Tel.: +55 (45) 3525-2652

Site: www.interpares.org.br

Contato: aslascani@yahoo.com.br

JURISCONS – Associação Internacional de Paradireitologia

Fundação: 25/04/2015

Sede: Av. Felipe Wandscheer, 6.200, sala 350 A, Cognópolis

Foz do Iguaçu, Paraná, Brasil, CEP: 85856-530

Site: www.juriscons.org

Contato: juriscons@juriscons.org

OIC – Organização Internacional de Consciencioterapia

Fundação: 06/09/2003

Campus **OIC:** Av. Felipe Wandscheer, 5.935, Cognópolis

Foz do Iguaçu, Paraná, Brasil, CEP: 85856-530

Tel.: +55 (45) 3025-1404 / 2102-1402

Site: www.oic.org.br

Contato: aco@oic.org.br

ORTHOCOGNITIVUS – Associação Internacional para Implantação da Cognópolis em SC

Fundação: 18/05/2018

Sede: Av. Mal. Castelo Branco, 65, Sala 1111, Torre II, Campinas, São José, Santa Catarina, Brasil, CEP: 88101-020

Tel.: +55 (48) 99845-9931

Site: www.cognopolis-sc.org

Contato: contato@cognopolis-sc.org

REAPRENDENTIA – Associação Internacional de Parapedagogia e Reeducação Consciencial

Fundação: 21/10/2007

Sede: Av. Felipe Wandscheer, 6.560, Cognópolis

Foz do Iguaçu, Paraná, Brasil, CEP: 85856-530

Site: www.reaprendentia.org

Contato: contato@reaprendentia.org.br

UNICIN – União das Instituições Conscienciocêntricas Internacionais

Fundação: 22/01/2005

Sede: Av. Felipe Wandscheer, 6.200, sala 105, Cognópolis

Foz do Iguaçu, Paraná, Brasil, CEP: 85856-530

Tel.: +55 (45) 2102-1405

Site: www.unicin.org

Contato: unicin@unicin.org

UNIESCON – União Internacional de Escritores da Conscienciologia

Fundação: 23/11/2008

Sede: Rua da Cosmoética, 1.635, Cognópolis

Foz do Iguaçu, Paraná, Brasil, CEP: 85853-755

Tel.: +55 (45) 3525-2652 – Fax:+55 (45) 3525-5511

Site: www.uniescon.org

Contato: uniescon.ccci@gmail.com

TÍTULOS PUBLICADOS PELA EDITARES

AUTOR	TÍTULO
Adriana Kauati	SÍNDROME DO IMPOSTOR
Adriana Lopes	SENSOS EVOLUTIVOS E CONTRASSENSOS REGRESSIVOS
Alessandra Nascimento / Felix Wong (Orgs.)	CONSCIENCIOLOGIA É NOTÍCIA – PROJECIOLOGIA
Alexandre Nonato	JK E OS BASTIDORES DA CONSTRUÇÃO DE BRASÍLIA
Alexandre Nonato *et. al.*	ACOPLAMENTO ENERGÉTICO
Alexandre Nonato *et. al.*	INVERSÃO EXISTENCIAL
Alexandre Zaslavsky (editor).	INTERPARADIGMAS N.1 – Princípio da Descrença INTERPARADIGMAS N.2 – Parapercepciologia INTERPARADIGMAS N.3 – Pesquisa da Autoconsciência INTERPARADIGMAS N.4 – Diálogos Interparadigmáticos
Aline Niemeyer	MEGAPENSENES TRIVOCABULARES DA INTERASSISTENCIALIDADE
Aline Niemeyer / Lilian Zolet	TÉCNICAS BIOENERGÉTICAS PARA CRIANÇAS
Almir Justi, Amin Lascani e Dayane Rossa	COMPETÊNCIAS PARAPSÍQUICAS
Alzemiro Rufino de Matos	VIDA: OPORTUNIDADE DE APRENDER
Alzira Gesing	INTENÇÃO
Ana Luiza Rezende (*et al*)	MANUAL DO ECP2
Ana Seno	COMUNICAÇÃO EVOLUTIVA
Anália Rosário Lopes / Myriam Sanchez / Rita Sawaya	DICIONÁRIO DE TECAS DA HOLOTECOLOGIA
Antonio Pitaguari / Marina Thomaz	REDAÇÃO E ESTILÍSTICA CONSCIENCIOLÓGICA
Arlindo Alcadipani	ITINERÁRIO EVOLUTIVO DE UM RECICLANTE
Bárbara Ceotto	DIÁRIO DE AUTOCURA
Caio Polizel (Org.)	DIRETRIZES DA AUTOGESTÃO EXISTENCIAL
Cesar Cordioli	CALEPINO CONSCIENCIOLÓGICO
Cesar Machado	ANTIVITIMIZAÇÃO PROATIVIDADE EVOLUTIVA
Cesar Machado / Stéfani Sabetzki	HUMANIZAÇÃO PARAPSÍQUICA NA UTI
Cirleine Couto	CONTRAPONTOS DO PARAPSIQUISMO INTELIGÊNCIA EVOLUTIVA COTIDIANA
Dalva Morem	SEMPRE É TEMPO
Dayane Rossa	OPORTUNIDADE DE VIVER
Débora Klippel	O PEQUENO PESQUISADOR: MULTIDIMENSIONALIDADE
Dulce Daou	AUTOCONSCIÊNCIA E MULTIDIMENSIONALIDADE VONTADE: CONSCIÊNCIA INTEIRA
Eduardo Martins	HIGIENE CONSCIENCIAL
Eliana Manfroi	ANTIDESPERDÍCIO CONSCIENCIAL
Eliane Wojslaw, Jaclyn Cowen, Jeffrey Lloyd, Liliana Alexandre	GLOSSÁRIO INGLÊS-PORTUGÊS DE TERMOS ESSENCIAIS DA CONSCIENCIOLOGIA
Fernando R. Sivelli / Marineide C. Gregório	AUTOEXPERIMENTOGRAFIA PROJECIOLÓGICA
Flavia Rogick	MUDAR OU MUDAR CONSCIÊNCIA CENTRADA NA ASSISTÊNCIA
Flavio Amado	TEÁTICAS DA TENEPES

Flávio Buononato	ANUÁRIO DA CONSCIENCIOLOGIA 2012
	ANUÁRIO DA CONSCIENCIOLOGIA 2013
	FATOS E PARAFATOS DA COGNÓPOLIS FOZ DO IGUAÇU
Flávio Monteiro e Pedro Marcelino	CONS – COMPREENDENDO NOSSA EVOLUÇÃO
Graça Razera	HIPERATIVIDADE EFICAZ
Guilherme Kunz	MANUAL DO MATERPENSENE
Isabel Manfroi	O EMPREENDEDORISMO REURBANIZADOR DE HÉRCULES GALLÓ E WALDO VIEIRA
Jacqueline Nahas / Pedro Fernandes	*HOMO LEXICOGRAPHUS*
Jayme Pereira	BÁRBARAH VAI À ESTRELA
	PRINCÍPIOS DO ESTADO MUNDIAL COSMOÉTICO
João Aurélio / Kátia Arakaki	COGNÓPOLIS FOZ: UM LUGAR PARA SE VIVER
João Paulo Costa / Dayane Rossa	MANUAL DA CONSCIN-COBAIA
João Ricardo Scneider	HISTÓRIA DO PARAPSIQUISMO
Jovilde Montagna	VIVÊNCIAS PARAPSÍQUICAS DE UMA PEDIATRA
Julieta Mendonça	MANUAL DO TEXTO DISSERTATIVO
Julio Almeida	QUALIFICAÇÃO AUTORAL
	QUALIFICAÇÕES DA CONSCIÊNCIA
Kátia Arakaki	ANTIBAGULHISMO ENERGÉTICO – MANUAL
	AUTOFIEX: TEÁTICA DO OFIEXISTA WALDO VIEIRA
	VIAGENS INTERNACIONAIS
Laura Sánchez	LASTANOSA: MEMÓRIA E HISTÓRIA DO INTELECTUAL E HOLOTECÁRIO DO SÉCULO XVII
Lilian Zolet	PARAPSIQUISMO NA INFÂNCIA
Lilian Zolet / Flávio Buononato	MANUAL DO *ACOPLAMENTARIUM*
Lilian Zolet / Guilherme Kunz	*ACOPLAMENTARIUM:* PRIMEIRA DÉCADA
Lourdes Pinheiro / Felipe Araújo	DICIONÁRIO DE VERBOS CONJUGADOS DA LÍNGUA PORTUGUESA
Luciana Lavôr (Org.)	I NOITE DE GALA MNEMÔNICA
Luciano Vicenzi	CORAGEM PARA EVOLUIR
Lucy Lutfi	VOLTEI PARA CONTAR
Luiz Bonassi	PARADOXOS
Mabel Teles	PROFILAXIA DAS MANIPULAÇÕES CONSCIENCIAIS
	ZÉFIRO
Málu Balona	AUTOCURA ATRAVÉS DA RECONCILIAÇÃO
	SÍNDROME DO ESTRANGEIRO
Marcelo da Luz	ONDE A RELIGIÃO TERMINA?
Maria Helena Lagrota	MINHAS QUATRO ESTAÇÕES
Maria Thereza Lacerda	A PEDRA DO CAMINHO
Marilza de Andrade	PROJEÇÕES ASSISTENCIAIS
Marina Thomaz / Antonio Pitaguari (Orgs.)	TENEPES: ASSISTÊNCIA INTERDIMENSIONAL LÚCIDA
Marta Ramiro	MANUAL DA TÉCNICA DA RECÉXIS
Maximiliano Haymann	PRESCRIÇÕES PARA O AUTODESASSÉDIO
	SÍNDROME DO OSTRACISMO
Miguel Cirera	*EVOLUCIÓN DE LA INTELIGENCIA PARAPSÍQUICA*
Moacir Gonçalves / Rosemary Salles	DINÂMICAS PARAPSÍQUICAS
Osmar Ramos Filho	CRISTO ESPERA POR TI (Edição Comentada)
Paulo Mello	EVOLUTIVIDADE PLANEJADA
Phelipe Mansur	EMPREENDEDORISMO EVOLUTIVO

Reinalda Fritzen	CAMINHOS DE AUTOSSUPERAÇÃO
Ricardo Rezende	VOLUNTARIADO CONSCIENCIOLOGICO INTERASSISTENCIAL
Roberto Leimig	VIDAS DE NATURALISTA
Rodrigo Medeiros	CLARIVIDÊNCIA
Rosa Nader	MANUAL DE VERBETOGRAFIA
	AUTODESREPRESSÃO: REFLEXÕES CONSCIENCIOLÓGICAS
Roseli Oliveira	DICIONÁRIO DE EUFEMISMOS DA LÍNGUA PORTUGUESA
Rosemary Salles	CONSCIÊNCIA EM REVOLUÇÃO
	CONCIENCIA EN REVOLUCIÓN
Sandra Tornieri	MAPEAMENTO DA SINALÉTICA ENERGÉTICA PARAPSÍQUICA
Silda Dries	TEORIA E PRÁTICA DA EXPERIÊNCIA FORA DO CORPO
Tathiana Mota	CURSO INTERMISSIVO
Tatiana Lopes	DESENVOLVIMENTO DA PROJETABILIDADE LÚCIDA
Tony Musskopf	AUTENTICIDADE CONSCIENCIAL
Vera Hoffmann	SEM MEDO DA MORTE
Vera Tanuri	PERDÃO
Wagner Alegretti	RETROCOGNIÇÕES
Waldo Vieira	500 VERBETÓGRAFOS DA ENCICLOPÉDIA DA CONSCIENCIOLOGIA
	700 EXPERIMENTOS DA CONSCIENCIOLOGIA
	DICIONÁRIO DE ARGUMENTOS DA CONSCIENCIOLOGIA
	DICIONÁRIO DE NEOLOGISMOS DA CONSCIENCIOLOGIA
	ENCICLOPÉDIA DA CONSCIENCIOLOGIA
	HOMO SAPIENS PACIFICUS
	HOMO SAPIENS REURBANISATUS
	LÉXICO DE ORTOPENSATAS
	MANUAL DA DUPLA EVOLUTIVA
	MANUAL DA PROÉXIS
	MANUAL DA TENEPES
	MANUAL DOS MEGAPENSENES TRIVOCABULARES
	NOSSA EVOLUÇÃO
	O QUE É A CONSCIENCIOLOGIA
	PROJECIOLOGIA
	PROJEÇÕES DA CONSCIÊNCIA

Onde comprar: **www.shopcons.com.br**
Site da Editora: **www.editares.org.br**

1. *Área da Pesquisa:*

ESTE LIVRO PESQUISA TEMAS DA
PARACEREBROLOGIA
ESPECIALIDADE DA CONSCIENCIOLOGIA.

2. *Princípio da Descrença:*

NÃO ACREDITE EM NADA, NEM MESMO
NAS INFORMAÇÕES EXPOSTAS NESTE LIVRO,
O INTELIGENTE É FAZER PESQUISAS
PESSOAIS SOBRE OS TEMAS.

Made in the USA
Monee, IL
07 July 2026

56552183R00125